Ética Profissional do Advogado

Irany Ferrari
Juiz do Trabalho da 15ª Região aposentado

Ética Profissional do Advogado

Editora LTr
São Paulo

Dados Internacionais de Catalogação na Publicação (CIP)
(Câmara Brasileira do Livro, SP, Brasil)

Ferrari, Irany

Ética profissional do advogado / Irany Ferrari. — São Paulo : LTr, 2010.

Bibliografia.
ISBN 978-85-361-1565-8

1. Advocacia como profissão 2. Advogados — Ética profissional I. Título.

10-05171   CDU-347.965:174

Índice para catálogo sistemático:

1. Advogados : Ética profissional   347.965:174

© Todos os direitos reservados

EDITORA LTDA.

Rua Jaguaribe, 571 — CEP 01224-001— Fone (11) 2167-1101
São Paulo, SP — Brasil — www.ltr.com.br

LTr 4273.5   Junho, 2010

A ideia de escrever este livro nasceu da preocupação com o comportamento dos colegas em razão do número excessivo de representações perante o Tribunal de Ética e Disciplina da OAB/SP.

Dedico este livro ao Dr. Armando Casimiro Costa, que me incentivou a escrevê-lo.

Dedico-o também a minha colega de trabalho Rosângela A. M. Graziano, uma vez que sem seus préstimos não haveria obra nenhuma.

Dedico-o, ainda, ao colega Melchíades Rodrigues Martins por sua lhaneza no trato e seus inegáveis conhecimentos jurídicos e da profissão.

SUMÁRIO

Apresentação 9

Estatuto da Advocacia e Código de Ética do Advogado 11

Moral, ética e direito 14

Ética do advogado no estatuto 16

Tribunal Deontológico da OAB/SP 18

Ética do advogado e comentários sobre infrações e sanções disciplinares.
    Jurisprudência 22

Processo disciplinar no Brasil 47

Código de Deontologia dos Advogados Europeus — CDAE 54

Processo disciplinar em Portugal 56

Litigância de má-fé 68

Bibliografia 73

Anexos 75

APRESENTAÇÃO

Participei com muita honra, por algum tempo, do Tribunal de Ética e Disciplina, da OAB/SP, na companhia de advogados do mais elevado conceito dentre seus pares.

Dessa participação colhi experiência antes jamais imaginada por mim no trato com colegas da profissão que eram objeto das representações por infrações do Estatuto da OAB e do Código de Ética e Disciplina.

A partir dessa experiência senti que seria bom se me dedicasse a escrever sobre as infrações cometidas por colegas, ilustrando-as com jurisprudência do Tribunal de Ética. Essa ideia encontrou total apoio do Dr. Armando Casimiro Costa, como editor da LTr e como ex-membro do Conselho da OAB.

Com a sempre precisa ajuda do Dr. Melchíades Rodrigues Martins consegui ter acesso a várias obras sobre a matéria relacionada com a Ética do Advogado, todas muito úteis para conhecimento de quem estava se dedicando ao assunto, com muito interesse.

Diante de tantas obras a respeito da matéria, todas da maior importância, tais como a *Ética Profissional e Estatuto do Advogado*, de Ruy de Azevedo Sodré, *Cartilha de Ética Profissional do Advogado*, de Robison Baroni, *Ética Aplicada à Advocacia*, de quatro autores, coordenada por Fabio Kali Vilela Leite, *Vade Mecum Jurídica*, da Revista dos Tribunais, e tantas outras, decidi que seria mais adequado dar ao assunto um exame apenas das infrações e sanções disciplinares, enriquecido com jurisprudência administrativa, com matéria principal e prioritária, além de uma invocação ao Direito Português quanto ao processo disciplinar para apuração e julgamento da Ética Profissional do Advogado.

Outros assuntos pertinentes, como o Código Deontológico Europeu e Litigância de má-fé, são expostos apenas no que interessa com a matéria central da obra.

Além disso, entendemos ser útil a divulgação de Provimentos, Resoluções, Código de Ética e Disciplina da OAB/SP, TED-1 e Regulamento Geral do Estatuto da Advocacia e da OAB.

Com esta iniciativa de conteúdo básico creio que atingi o objetivo de esclarecer aos advogados recém-formados a importância da ética profissional e os deslizes que podem ser evitados para manter o prestígio pessoal e da classe, dada a nobreza da profissão e o exemplo de honestidade que há de ser sempre linha de conduta do advogado, como defensor dos cidadãos contra toda e qualquer ameaça ou violação de seus direitos.

ESTATUTO DA ADVOCACIA
E CÓDIGO DE ÉTICA DO ADVOGADO

O propósito desta obra se circunscreve ao Exame do Estatuto da Advocacia (Lei n. 8.906/94) e do Código de Ética do Advogado (de 1º.3.95), com o objetivo prioritário de tecer comentários sobre as infrações previstas no Estatuto e as sanções aplicáveis previstas no Estatuto e as sanções aplicáveis a elas pelo Tribunal de Ética e Disciplina — TED, da OAB, Seccional de São Paulo.

Ocorre, porém, que os atos considerados antiéticos pelo Estatuto e CEA não bastam por si mesmo, mesmo porque há previsões de outros tantos no Regulamento Geral do Estatuto, no Regimento Interno da OAB/SP e em diversas Resoluções Administrativas, bem como no Código de Ética e Disciplina da OAB/SP, todos com suas peculiaridades e, certamente, com hipóteses diversas daquelas que são federais, como as do Estatuto e do Código de Ética, de 1993.

Dessa multidiversidade surge a dúvida sobre a função do TED para julgar infrações à ética profissional que não estão previstas no Estatuto da Advocacia e no Código de Ética e Disciplina, existentes para a Ordem dos Advogados, no âmbito nacional.

Não temos nenhuma dúvida de que as infrações vigentes para todo o território brasileiro não são as únicas possíveis de serem julgadas e penalizadas pelo Tribunal de Ética e Disciplina da OAB/SP, visto que a Ética Profissional do Advogado há de ser preservada como um bem comum de toda a sociedade brasileira, que não está disposta a aceitar atitudes não somente combatidas pela classe de advogados, como por todos os cidadãos decentes do País.

As infrações serão julgadas de acordo com os postulados do direito e da moral aplicando-se as sanções por analogia às previstas no Estatuto, com bom senso e razoabilidade.

Seria incoerência defender-se que as infrações do Estatuto e do Código de Ética não poderiam ser aplicadas aos atos antiéticos praticados conforme previsões feitas pela OAB/SP, ainda que se avocasse o princípio de que não há crime sem pena prevista em lei.

É que, no caso, as questões que afrontam a ética profissional não são julgadas pelo Judiciário porque são administrativas, apuráveis *interna corporis*, por vezes com alguma indulgência.

De todo o resumo ora feito sobre a diversidade de previsões de comportamentos que ferem a ética profissional e que deturpam a boa imagem da advocacia, torna-se necessária e urgente a tomada de medidas para um tratamento único e transparente dessa relevante questão tendo em vista a função social dos serviços prestados pelos advogados a todo e qualquer cidadão que tenha direitos violados.

Diante do contexto atual ficamos com nosso propósito inicial de análise apenas do Estatuto da Advocacia e do Código de Ética e Disciplina, aplicáveis em todo o território nacional, fazendo, contudo, uma publicação anexa de tudo o que vigora no âmbito da OAB/SP, para que os advogados militantes neste Estado não possam alegar ignorância se forem objeto de representação de clientes ou de terceiros, por atos considerados como antiéticos pela Seccional do Estado de São Paulo.

A Ética Profissional não é problema menor para qualquer organização de trabalho ou classe social porque será sempre dela o elevado prestígio que se possa alcançar em toda e qualquer atividade humana.

Conta-se que o historiador brasileiro Capistrano de Abreu, a certa altura dos acontecimentos, teria dito que a Constituição brasileira deveria ter apenas dois artigos, a saber:

Art. 1º Todo brasileiro deve ser honesto.

Art. 2º Revogam-se as Disposições em contrário.

Simples demais, porém verdadeiros, se no conteúdo do vocábulo honesto estiver implícito, como deverá ser, a retidão do caráter, a honestidade de propósitos gerais, inclusive de dinheiro de terceiros e do público, a lhaneza no trato com as pessoas, o respeito com as instituições, a lisura moral ante todo e qualquer cidadão ou bem público, enfim, honestidade nos menores gestos com amigos e inimigos, honestidade como fundamento da paz social.

Para completar eu diria: "todo brasileiro deve ser educado e honesto", encabeçando um grande e sério programa nacional.

MORAL, ÉTICA E DIREITO

Nossa proposta é a de levar aos advogados, em especial aos recém-formados, a importância do significado da Ética Profissional no tocante aos deveres do advogado que compreendem, "além de defesa dos direitos e interesses que lhe são confiados, o zelo do prestígio de sua classe, da dignidade da magistratura, no aperfeiçoamento das instituições de Direito, e, em geral, do que interessa à ordem jurídica", conforme art. 1º do Código de Ética Profissional instituído pelo Conselho Federal da Ordem dos Advogados refletindo a vontade espontânea dos advogados brasileiros de, livremente, se subordinarem ao cumprimento do Código por eles elaborado, para sua fiel observância.

Para a realização de tal proposta, alguma reflexão há que ser feita sobre a Moral e sobre a Ética numa análise genérica, para só depois passarmos para uma análise específica em torno do profissional do Direito ou da Advocacia.

Moral, segundo os dicionários, designa a parte da filosofia que estuda os costumes, para assinalar o que é honesto e virtuoso, conforme os ditames da consciência e os princípios da humanidade.

A Moral, como se sabe, tem âmbito mais amplo que o Direito, escapando à ação deste muitas de suas regras impostas aos homens como deveres.

Muitos dão a Moral como sinônimo de Ética, contudo, como veremos, são distintas em suas aplicações, tendo em vista que a Ética é a ciência da Moral e está mais ligada a normas de conduta de profissionais em geral no desempenho de suas atividades (nas empresas, na política, na mídia, etc.). A ciência, no caso, é a que se ocupa dos sentimentos, pensamentos e atos do homem conforme dicionário. Nesse sentido, moral é a ciência que define as leis da atividade livre do homem. Trata do uso que o homem deve fazer de sua liberdade para atingir seu fim último.

A Moral guarda íntima relação com as religiões, cada qual com seus princípios de atuação junto aos seus seguidores. Por isso, diverge em função de cada fé religiosa como a islamita, a budista, a hinduísta e, para nós, a católica ou cristã.

Esta, observada no mundo ocidental, sustenta valores cristãos da mais alta relevância ao ditar os rumos da conduta humana com espeque no amor de Deus sobre todas as coisas e ao próximo como a si mesmo.

No universo do catolicismo seguem-se os mandamentos de Deus, preservando a vida (não matar), a honestidade (não furtar), a felicidade (não praticar adultério) e outras tantas máximas do *honeste vivere*, de que tratou Ulpiano.

Todos esses preceitos em torno do ser humano e de seu comportamento perante os próximos constituem diretrizes fundantes do Ser Moral por excelência, atualmente distanciadas de sua concretude.

Assim como o Direito é fruto da cultura, como obra do gênio humano, assim também ocorre com a Ética, a Moral, a Política, a Economia, a Linguagem.

No estágio da civilização grega, direito, ética e política constituíam um só complexo de conhecimentos constituído pelo homem tendo por objetivo a ordenação social.

Foram os romanos que conferiram ao Direito sua autonomia científica, justamente para se afastar do complexo ético-político que rege as comunidades e a conduta dos indivíduos.

O Direito, que é poder e vontade, é Ético enquanto inserido no espaço da ação humana, e enquanto traz no seu interior as construções de valores morais do mundo cultural. Não se confunde, contudo, nem com a Ética nem com a Moral, embora delas se componha por fazerem parte das leis da atividade livre do homem.

A Ética discute o comportamento humano analisando o que deve entender, num determinado tempo e lugar, por justo ou injusto, por bem ou mal, por certo ou errado. Sua ação descobre o dever da ação humana.

Já a Moral ocupa-se com o que acontece no mundo individual, no grupo social.

ÉTICA DO ADVOGADO NO ESTATUTO

Na terminologia da técnica profissional, a Ética "é o vocábulo usado sob a expressão de ética profissional para indicar a soma de deveres que estabelece a norma de conduta ao profissional no desempenho de suas atividades e em suas relações com o cliente e todas as demais pessoas com quem possa ter trato" (*Dicionário Jurídico*, de Plácido e Silva).

No geral é fundada no complexo de normas estabelecidas pelos usos e costumes e, no particular, pode ser instituída pelos órgãos aos quais se defere autoridade para dirigir e fiscalizar a profissão.

Com a Ordem dos Advogados do Brasil foi o que ocorreu, já que ela mesma, por seu Conselho Federal e com fulcro nos arts. 33 e 54, V, da Lei n. 8.906, de 4 de julho de 1994, aprovou seu próprio Código de Ética e Disciplina, publicado no DJU de 1º.3.95.

A esse respeito, antes de estudarmos os preceitos desse Código de Ética e Disciplinas, vale-nos mencionar o capítulo VIII da Lei n. 8.906/94 conhecida como Estatuto da Advocacia e a Ordem dos Advogados do Brasil.

Esse capítulo, que compreende os arts. 31 a 33, dispõe que:

1) o advogado deve proceder de forma que o torne merecedor de respeito e que contribua para o prestígio da classe e da advocacia;

2) o advogado, no exercício da profissão, deve manter independência em qualquer circunstância;

3) nenhum receio de desagradar o magistrado ou a qualquer autoridade, nem de incorrer em impopularidade, deve deter o advogado no exercício de sua profissão;

4) o advogado é responsável pelos atos que, no exercício profissional, praticar com dolo ou culpa;

5) em caso de lide temerária, o advogado será solidariamente responsável, com seu cliente desde que coligado com este para lesar a parte contrária, o que será apurado em ação própria;

6) o advogado obriga-se a cumprir rigorosamente os deveres consignados no Código de Ética e Disciplina;

7) o Código de Ética e Disciplina regula os deveres do advogado para com a comunidade, o cliente, o outro profissional e, ainda, a publicidade, a recusa do patrocínio, o dever de assistência jurídica, o dever geral de urbanidade e os respectivos procedimentos disciplinares.

TRIBUNAL DEONTOLÓGICO DA OAB/SP

A competência desse Tribunal da OAB/SP é para dirimir dúvidas éticas verificadas no curso da atividade profissional, por meio do TED-I.

Há mais de 70 anos os conselheiros desse Tribunal Especial respondem a consultas formuladas pelos advogados sobre temas importantes que estão previstos no Estatuto da OAB, mas que não são aqueles de que se ocupam os outros Tribunais de Ética.

A matéria tratada por esse Tribunal Deontológico da OAB/SP está bem demonstrada no recente livro *Ética aplicada à advocacia*, organizado por Fábio Kalil Vilela Leite, e que conta com 16 artigos de conselheiros que participaram ativamente de tais sensos de induvidosa função social.

São muitos os pareceres sobre essa importante atuação do Tribunal Deontológico da OAB/SP, como, por exemplo:

1) do dever de urbanidade já que o acaloramento da lide não é desculpa para a grosseria e a agressão moral;

2) o sigilo profissional em face dos modernos meios de prova;

3) publicidade do advogado. Discrição e moderação. Limites éticos.

O Capítulo I, do Título I da Lei n. 8.906, de 4.7.94, trata das atividades privativas da advocacia, atividades essas que, se não observadas como previsto nos parágrafos do art. 1º, darão ensejo a práticas anormais da profissão, eticamente condenáveis, embora nem sempre consideradas como infrações puníveis pelo Tribunal de Ética e Disciplina.

O primeiro requisito para o exercício da atividade privativa da advocacia é o de ser o advogado devidamente inscrito nos quadros da Ordem dos Advogados do Brasil. Assim, o advogado não inscrito, suspenso ou excluído por processo disciplinar, em qualquer hipótese, cometerá infração ao Código de Ética (art. 34, I , do Estatuto).

Uma exclusão do advogado de sua atividade privativa é a impetração de *habeas corpus* em qualquer instância ou tribunal.

Contudo , como há necessidade de conhecimento técnico para obtenção do *habeas corpus*, criou o STJ um sistema adequado para tratamento dessa medida judicial, que foi a de recomendar ao paciente, seu advogado, que se utilize de um defensor em seu benefício e para que se faça justiça de forma mais fundamentadas (STJ 3ª T. — HC 82.628, DJ 15.10.07).

Outra atividade privativa do advogado é a de ser necessário o seu visto nos atos e contratos constitutivos de pessoas jurídicas.

A Lei Complementar n. 123, de 14.12.06, no entanto, dispensa o visto para atos da microempresa ou empresa de pequeno porte (art. 9º, § 2º).

Outra característica dada a exclusividade da atividade profissional do advogado é a proibição da divulgação de sua atividade em conjunto com outra atividade. Tal divulgação revela conduta incompatível com a advocacia, considerada, pois, como infração ao Estatuto (art. 34, XXV), já que pode levar o cidadão comum a duvidar da verdadeira atuação ou intenção do advogado, ao se aproveitar do prestígio eventual de outra atividade.

Vê-se, desse modo, que o Estatuto da Advocacia contém, em seu todo, normas de interesse da profissão e dos que dela se utilizam, e que precisam ser cumpridas regularmente. É que, se bem analisarmos, muitos dispositivos aparentemente fora do alcance da Ética estão realmente presentes, como, por exemplo, o do § 2º, do art. 7º do Estatuto (Dos Direitos do Advogado), que confere ao advogado imunidade profissional, declarando que não constitui injúria, difamação ou desacato puníveis no exercício de sua atividade, em juízo ou fora dele, com a ressalva das sanções disciplinares perante a OAB, pelos excessos cometidos.

Exemplos de tais normas divergentes são muitos, dos quais destacamos os seguintes:

1) O § 4º do art. 8º ao mencionar que "não atende requisito de idoneidade moral aquele que tiver sido condenado por crime infamante, salvo reabilitação judicial, com penalidade de exclusão dos quadros da OAB (art. 34, XXVIII, do Estatuto);

2) Nenhum advogado pode integrar mais de uma sociedade de advogados, com sede ou filial na mesma área territorial do respectivo conselho seccional (art. 15, § 4º);

3) É proibido o registro, nos cartórios de registro civil de pessoas jurídicas e nas juntas comerciais, de sociedade que inclua, entre outras finalidades, a atividade de advocacia (art. 16, § 3º);

4) O advogado empregado não está obrigado a prestação de serviços profissionais de interesse pessoal dos empregadores, fora da relação de emprego (art. 18, parágrafo único).

Esses exemplos são uma pequena demonstração de que é muito grande a preocupação do legislador e da OAB quanto à Ética da advocacia para que o advogado se sinta orgulhoso de sua profissão e de sua agremiação que existe para defender a Constituição, e ordem jurídica do Estado Democrático de Direito e dos direitos humanos como órgão indispensável à administração da justiça (art. 44, I, do Estatuto e art. 133 da CF/88).

Do exposto, a constatação é a de que, além das infrações previstas e sanções aplicáveis aos advogados em matéria de ética profissional, outros direitos e deveres estão impregnados no contexto do Estatuto da Advocacia e que são resolvidos mediante pareceres de conselheiros do TED-I, de forma satisfatória no sentido de fornecerem os meios adequados para a melhor solução de dúvidas de atuação profissional.

Cabe ainda à turma de Ética Profissional (Tribunal Deontológico da OAB/SP), promover a conciliação entre divergências havidas entre advogados, dirimir dúvidas ou omissões do Código de Ética e Disciplina sobre questões deontológicas.

Como nos esclarece Guilherme Florindo Figueiredo, na obra coordenada por Fabio Kalil Vilela Leite, a turma de Ética Profissional (TED-I) da OAB/SP é a único no País a se dedicar exclusivamente à orientação e ao aconselhamento sobre ética profissional.

Seus pareceres são utilizados por outros estados e não raramente pelo Judiciário, no embasamento de suas decisões.

Não podemos deixar de homenagear esse colegiado composto por conselheiros experientes e de ilibada reputação em tudo quanto diz respeito a conhecimentos técnicos da advocacia e do comportamento ético da classe.

Destacamos apenas dez nomes, como, por exemplo, sem nenhum demérito para os demais, todos com idêntica preocupação e elevada sabedoria no trato da urbanidade, em nome dos quais homenageamos todos os que se têm dedicado à importante tarefa de instruir e evitar comportamentos profissionais que deponham contra a advocacia.

São eles: Robison Baroni, Elias Farah, Luiz Antonio Cristina Zucchi, Basi Antonio Ruggiero, Luiz Antonio Gambelli, Fabio Kalil Vilela Leite, José Eduardo Haddad, Luiz Francisco Torquato Avólio, Zanon de Paula Barros e Márcia Dutra Lopes Matione.

ÉTICA DO ADVOGADO E COMENTÁRIOS SOBRE INFRAÇÕES E SANÇÕES DISCIPLINARES. JURISPRUDÊNCIA

Como vimos, os arts. 31 a 33, que compõem o capítulo VIII da Lei n. 8.906/94, tratam, de uma maneira genérica e exemplificativa, de alguns requisitos que devem ser considerados como procedimentos visando a que o advogado se torne merecedor de respeito e que contribua para o prestígio da classe e da Advocacia.

Respeito próprio de advogado, individualmente considerado, e prestígio da classe são dois itens que devem andar sempre juntos para a consecução dos sagrados ideais éticos. Em razão desse propósito legítimo para o advogado e para a classe, é que o profissional competente e honesto deve cumprir rigorosamente os deveres consignados no Código de Ética e Disciplina (art. 32, parágrafo único, do Estatuto).

O não cumprimento de tais deveres leva o advogado a praticar infrações sujeitas a sanções disciplinares, pelos Tribunais de Ética e Disciplina existentes em todas as Seções da OAB.

As infrações estão descritas nos vários incisos do art. 34, e as sanções disciplinares, nos arts. 35 a 43.

Vejamos quando podem ocorrer:

1ª infração: "exercer a profissão quando o advogado estiver impedido de fazê-lo ou quando facilitar, por qualquer meio, o seu exercício aos não inscritos, proibidos ou impedidos".

O advogado estará impedido de advogar quando estiver suspenso do exercício profissional pelo prazo de 30 dias ou 12 meses (se recusar-se a prestar contas ao cliente ou deixar de pagar as contribuições da OAB) ou até que satisfaça integralmente a dívida, com correção monetária, conforme art. 37, §§ 1º e 2º.

Em caso de erros reiterados que evidenciem inépcia profissional, a suspensão perdurará até que preste novas provas de habilitação (art. 34, inciso XXIV, e art. 37, § 3º.

A suspensão do exercício profissional também poderá ocorrer por reincidência em infração disciplinar (art. 37, II).

Além dessas hipóteses, a outra infração prevista neste tópico é a consistente na facilitação, por qualquer meio ou forma, para que advogados não inscritos possam advogar, atentos ao disposto no art. 4º da Lei n. 8.906/94, que declara nulos todos os atos privativos de advogado praticados por pessoa não inscrita na AOB, sem prejuízo das sanções civis, penais e administrativas.

Para as infrações aqui descritas caberá a pena de censura (art. 36, I e II), punição esta que pode ser convertida em Advertência em ofício reservado, sem registro nos assentamentos do inscrito, quando presente circunstância atenuante (art. 36, parágrafo único).

Convenhamos que a sanção disciplinar da Censura e, no máximo, de Advertência sem registro nos assentamentos do inscrito é muito branda dada a gravidade de pretender-se advogar quando impedido ou mesmo de facilitar a outro colega, não inscrito, que advogue.

Nas duas hipóteses o Advogado e/ou Bacharel demonstram que não conhecem nada de ética, nem dos prejuízos que podem causar a clientes de boa-fé.

A nosso ver, o enquadramento correto da sanção deveria ser a de suspensão por infração disciplinar não só pela violação ao Código de Ética e Disciplina, como também pelo prejuízo potencial decorrente de sua atitude antiética de advogar estando impedido ou de permitir o exercício da advocacia aos não inscritos, proibidos ou impedidos.

A Lei, no caso, merece alterações para ser mais justa. Enquanto isso não ocorrer, que o justo vença em detrimento do legal, mercê de reiterada, se for o caso, jurisprudência.

JURISPRUDÊNCIA:

PATROCÍNIO — IRREGULARIDADE — FACILITAÇÃO DO EXERCÍCIO DA ADVOCACIA A NÃO INSCRITO — DILIGÊNCIAS FRUSTRADAS. Trata-se de caso concreto que merece apuração por uma das turmas disciplinares. Documentação que faz emergir dúvidas não esclarecidas em diligências de facilitação do exercício profissional por advogado a pessoa não inscrita na ordem, v.u. do parecer e ementa do Rel. Dr. Cláudio Felippe Zalaf — Reva. Dra. Roseli Principe Thomé — Presidente Dr. Robison Baroni — 15.6.2000.

2ª infração: "manter-se sociedade profissional fora das normas e preceitos estabelecidos na lei".

O Capítulo IV, composto pelos arts. 15 a 17, trata da sociedade de advogados, em todos os parâmetros aceitos como legítimos em sua existência no ordenamento jurídico, como segue:

1) constituição de sociedade civil de prestação de serviço de advocacia na forma disciplinada na Lei n. 8.906/94;

2) aquisição de personalidade jurídica com o registro aprovado dos seus atos constituídos no Conselho Seccional da OAB de sua sede;

3) sujeição da sociedade ao Código de Ética e Disciplina, no que couber;

4) as procurações devem ser outorgadas individualmente aos advogados com a indicação da sociedade de que façam parte;

5) nenhum advogado pode fazer parte de mais de uma sociedade de advogados, na mesma base territorial;

6) o ato da constituição de filial deve ser averbado no registro da sociedade e arquivado no Conselho Regional onde se instalar, ficando os sócios obrigados à inscrição complementar respectiva;

7) os sócios de uma mesma sociedade não podem representar em juízo clientes de interesses opostos;

8) as sociedades profissionais não podem apresentar forma ou característica mercantis, que adotem denominação de fantasia e que realizem atividades estranhas à advocacia ou ainda que incluam sócios não inscritos ou proibidos de advogar;

9) a razão social deve ter, obrigatoriamente, o nome de pelo menos um advogado responsável pela sociedade, podendo permanecer o do sócio falecido desde que prevista tal possibilidade no ato constitutivo;

10) o licenciamento de sócio para exercer atividade incompatível com a advocacia em caráter temporário deve ser averbado no registro da sociedade não alterando sua constituição;

11) é proibido o registro nos cartórios de registro civil de pessoas jurídicas e nas juntas comerciais, de qualquer sociedade que inclua, entre outras atividades, a atividade de advocacia;

12) não só a sociedade mas todos os sócios respondem subsidiária e ilimitadamente pelos danos causados aos clientes por ação ou omissão no exercício da advocacia, sem prejuízo da responsabilidade disciplinar em que possa incorrer.

Aí estão doze requisitos essenciais a serem observados pelos Advogados que quiserem manter sociedades profissionais, sendo que a inobservância de qualquer um deles, sujeitará o advogado à sanção disciplinar da censura (art. 36, I), o que, evidentemente, é muito pouco, pela desobediência flagrante à lei que quis preservar sua constituição e as ações e reações que podem contribuir para o desprestígio da classe, por vezes, de forma enganosa.

JURISPRUDÊNCIA:

ATIVIDADE PRIVATIVA DE ADVOGADO INVASÃO — CAPTAÇÃO DE CLIENTES — TRIBUNA DAS MULTAS. Sociedade não inscrita na OAB, que divulga serviços privativos de advogado, ainda que na esfera meramente administrativa, pratica infração e ilícito penal. Necessidade de maior fiscalização quanto ao exercício irregular da profissão por leigos e/ou advogados associados. Remessa à douta comissão de prerrogativas, v.u. do parecer e voto do Rel. Dr. Biasi Antônio Ruggiero — Rev. Dr. José Roberto Bottino — Presidente Dr. Robison Baroni 16.9.1999.

SOCIEDADE DE ADVOGADOS — AGRUPAMENTO DE FATO — OBRIGATORIEDADE DE REGISTRO NA OAB. Os advogados podem se reunir num mesmo local, visando à divisão de despesas, para a prestação de serviços jurídicos. Não podem, no entanto, se utilizar desse agrupamento de fato para insinuar a existência de uma sociedade de advogados, que só pode ser reconhecida se registrada na OAB, inviabilizando, como consequência, a utilização de nomes de sócios para essa mesma sociedade (inteligência dos arts. 15 e 17 do e a OAB), v. u. do parecer e ementa do Rel. Dr. José Garcia Pinto — Ver. Dr. Francisco Marcelo Ortiz Filho Presidente Dr. Robison Baroni 17.12.1998.

3ª infração: "valer-se de agenciador de causas, mediante participação nos honorários a receber".

Esta infração difere da posterior apenas quanto à agravante de oferecer participação nos honorários, numa ação que envolve corruptor e corrupto.

Aparentemente tudo certo.

Remunera-se quem captou causas, utilizando-se de influência indevida, em seu benefício ou do cliente, como um dos deveres do advogado previsto no CED, art. 2º, VIII, letra *a*. Esquece-se, ainda, de que "o advogado, no exercício da profissão, deve manter independência em qualquer circunstância" (Lei n. 8.906/94, art. 31, § 1º).

JURISPRUDÊNCIA:

EXERCÍCIO DA ADVOCACIA — OFERECIMENTO DE SERVIÇOS E CAPTAÇÃO DE CLIENTELA POR INTERPOSTA PESSOA. Comete infração disciplinar e ética o advogado que, servindo-se de interposta pessoa, angaria ou capta causas, independentemente de o agenciador ter ou não participação nos honorários advocatícios, valendo essa circunstância, se positiva, como fator agravante, a teor do disposto no art. 34, III e IV, do EAOAB e art. 7º do CED. Proc. E-2.343/01 — v. u. 19.4.01 do parecer e ementa do Rel. Dr. Clodoaldo Ribeiro Machado — Rev. Dr. José Garcia Pinto — Presidente Dr. Robison Baroni.

4ª infração: "angariar ou captar causas com ou sem a intervenção de terceiros".

Este tipo de infração é muito utilizado por advogados que querem captar causas para aumentar seus ganhos, sem que sejam, para tanto, procurados espontaneamente por clientes.

Uma das formas de angariar causas é a de, pessoalmente, ou por interposta pessoa, oferecer préstimos profissionais a quem deles precisa com rapidez, fazendo-o nas portas das Varas da Justiça do Trabalho (para reclamantes e/ou reclamados) ou nas proximidades das Varas Criminais.

Outra modalidade de captação de causas, ou de clientes, é a de, por meio de diretores de sindicatos, obterem indicações de empregados despedidos com direito de montante elevado, ou de empresas pequenas se o sindicato for de patrões.

Há, ainda, os escritórios de advocacia que promovem cursos na tentativa de demonstrarem conhecimento para conquistarem causas ou clientes.

Há, também, advogados que organizam ou são chamados a ministrarem aulas para empresas a fim de oferecerem seus serviços profissionais.

Obter ou agenciar causas e/ou clientes, diretamente ou com auxílio de terceiros, além de antiético, constitui uma forte contribuição para a mercantilização da profissão.

A experiência tem demonstrado que advogados, na tentativa de ampliar sua clientela, buscam oferecer outros serviços a clientes, como de contabilidade e de administração de imóveis.

Por outro lado, há escritórios de contabilidade e/ou de administração de imóveis que pretendem oferecer serviços de advocacia. A sanção de censura é também muito branda.

JURISPRUDÊNCIA:

CAPTAÇÃO DE CLIENTELA — MANDATO E CONTRATO DE ADESÃO. Incide no proibido da captação de clientela o advogado que, por si, ou pela sociedade que integra, oferece serviços, especializados ou não, a possíveis clientes, *maxime* propondo procuração *ad judicia* com poderes amplos e contrato de honorários do tipo adesão (Código de Ética Profissional, Seção I, inciso II, letra *a*). Aplicação da Seção I, inciso I e Seção II, inciso I, letras *a* e *b* do mesmo Codex, pelo evidente prejuízo causado à classe dos advogados. Serviços profissionais inculcados, angariados ou captados prejudicam a formação da confiança entre profissional e cliente, princípio fundamental do contrato de prestação de serviços de advogado (Seção VII, inciso I, do citado Código). Remessa à Comissão de Ética e Disciplina, em defesa da reputação da classe (art. 87, inciso VII, do EOAB). Proc. E-1.061 — v. m. Revisor Dr. José Urbano Prates (voto vencedor) — Relator Dr. Antônio Lopes Muniz (voto vencido) — Presidente Dr. Modesto Carvalhosa.

CONVÊNIO JURÍDICO — EMPRESA NÃO REGISTRÁVEL NA OAB — MALA DIRETA — PUBLICIDADE IMODERADA — OFERTA DE PRESTAÇÃO DE SERVIÇOS VARIADOS — MERCANTILIZAÇÃO — AVILTAMENTO DE HONORÁRIOS — CAPTAÇÃO DE CLIENTELA — CONCORRÊNCIA DESLEAL — INADMISSIBILIDADE. Transgride a ética profissional o advogado que credencia seu nome para atendimento gratuito a associados de convênio se dizendo sócio-assistencial (art. 39 do CED). Empresa de natureza mercantil não pode ser registrada na ordem. A publicidade direta, mediante panfletos dirigidos aos conveniados, afronta princípios éticos da conduta profissional dos causídicos envolvidos. Implicam exercício da advocacia com forte conotação mercantil, vedada pelo art. 5º do CED. Impressos com desenhos, fotografias, símbolos, marcas e dizeres incompatíveis com a dignidade da profissão. Publicidade que afronta preceitos do CED, da Resolução n. 2/92 deste tribunal e do Provimento n. 751/92 do conselho federal. Remessa às turmas disciplinares para as providências cabíveis, comunicando-se à subsecção local para fins do art. 48 do CED. Precedentes: E-1.333/96, E-1.762/98, E-1.859, E-1.787/99 e E-1.919/99. v. u. do parecer e ementa do Rel. Dr. Carlos Aurélio Mota de Souza — Rev. Dr. Clodoaldo Ribeiro Machado — Presidente Dr. Robison Baroni – 17.2.2000.

CAPTAÇÃO DE CAUSA E CLIENTELA — PARCERIA ENTRE ADVOGADOS E O DISTRIBUIDOR DE FÓRUM — INFORMAÇÃO SOBRE AÇÕES DISTRIBUÍDAS — ENVIO DE MALA DIRETA. Advogado que se mancomuna com distribuidor do fórum, objetivando ser informado sobre as ações ajuizadas, a fim de, através de mala direta endereçada para o requerido ou réu na ação, captar causa ou clientela pratica em coautoria (art. 29 do CP) os crimes previstos nos arts. 325, 316, 317, ou 154 do Código Penal, além de infringir inúmeras regras éticas, que têm a sustentá-lo os princípios da moral individual, social e profissional. Remessa à douta comissão de prerrogativas para que analise a possibilidade de representação contra o auxiliar da justiça, v. u. do parecer e ementa do Rel. Dr. José Roberto Bottino — Reva. Dra. Maria Cristina Zucchi — Presidente Dr. Robison Baroni — 16.12.1999.

EMENTA: INCULCA — CAPTAÇÃO DE CLIENTES CAUSA — MALA DIRETA COM OFERTA DE SERVIÇOS. Comete infração ética o advogado que, sem ser solicitado, envia a determinada empresa carta comunicando ajuizamento de ações contra ela intentadas pela fazenda do estado, com indicação do número dos processos e valores dos débitos cobrados, discorrendo sobre a estrutura e métodos de trabalho do escritório, consignando relação de outras empresas como referência e, por fim, colocando o escritório à disposição para discussão de outros aspectos e informações. Configuração de inculca e captação de causas e clientes (art. 7º do CED) e tipifica infração disciplinar (art. 34, IV do EAOAB). Procedimento que não condiz com o respeito devido aos colegas (art. 44 do CED) e em nada contribui para o prestígio da classe e da advocacia (art. 31 do CED). Ofício aos infratores para que cessem a prática irregular. Remessa às turmas disciplinares, v. u. do parecer e voto do Rel. Dr. Bruno Sammarco — Rev. Dr. Clodoaldo Ribeiro Machado — Presidente Dr. Robison Baroni — 16.9.1999.

5ª infração: "assinar qualquer escrito destinado a processo judicial ou para fim de extrajudicial que não tenha feito, ou em que não tenha colaborado".

A hipótese ora prevista, reveladora de atos antiéticos, apresenta também, a nosso sentir, gravidade maior a exigir sanção disciplinar maior que a de censura, convertida ou não na advertência em ofício reservado, sem registro nos assentamentos dos inscritos (art. 36, I, e parágrafo único do Estatuto).

A benevolência do advogado em assinar documento que não tenha feito para ser utilizado em processo judicial ou extrajudicial, ou que não tenha colaborado para sua feitura, é leviana e desonesta, configurando-se como antiética.

Se, ainda, para a prática de tais atos recebem alguma gratificação ou benefício, tanto pior.

A censura aqui também é pena muito branda por ato desonesto em si mesmo.

6ª infração: "advogar contra literal disposição de lei, presumindo-se a boa--fé quando fundamentado na inconstitucionalidade, na injustiça da lei ou em pronunciamento judicial anterior".

Esta infração consiste no fato de o advogado defender seu cliente valendo--se de argumentos contrários à literal disposição de lei, mesmo porque é indispensável à administração da justiça e defensor da cidadania, da moralidade pública, da Justiça e da paz social (Constituição da República, art. 133) e Código de Ética e Disciplina, de 13.2.95, art. 2º).

A atuação do advogado é também a de contribuir para o aprimoramento das instituições do Direito (art. 2º, parágrafo único, inciso V do CED), logo, não pode desrespeitar a lei, a não ser que, de boa-fé, argua sua inconstitucionalidade ou em pronunciamento judicial sobre a matéria.

O ponto relevante da contrariedade à lei utilizada pelo advogado é, sem dúvida, a boa-fé, que haverá de estar patente nos arrazoados.

A sanção disciplinar de censura (art. 36, I, do Estatuto) será, no entanto, branda se a contrariedade à disposição de lei for utilizada com má-fé, esquecendo-se de que a lei é um instrumento para garantir a igualdade de todos (art. 3º do CED).

7ª infração: "violar, sem justa causa, sigilo profissional".

O capítulo III do Estatuto da OAB, em seus arts. 25, 26 e 27, trata do Sigilo Profissional como inerente à profissão e digno de respeito, a não ser em casos de grave ameaça ao direito, à vida, à honra, ou quando o advogado se sentir afrontado pelo cliente e, em defesa própria, tenha que revelar segredo, sempre restrito ao interesse da causa (art. 25).

Mesmo em depoimento judicial, o advogado deve guardar sigilo sobre o que sabe em razão da sua profissão (art. 26).

Cabe-lhe recusar-se a depor como testemunha em processo no qual atuou ou deva atuar ou, ainda, sobre fato relacionado com pessoa de quem seja ou tenha sido advogado mesmo que autorizado pelo cliente (art. 26).

As confidências feitas pelo cliente ao advogado devem ser utilizadas com cautela nos limites da necessidade de defesa, desde que autorizado pelo constituinte (art. 27).

As confidências feitas por carta ou bilhetes entre advogado e cliente não podem ser reveladas a terceiros porque se presumem sigilosas (art. 28).

O sigilo profissional decorre de ordem pública, da liberdade do advogado, bem como dos deveres consignados no Estatuto da OAB e no Código de Ética e Disciplina.

Atente-se para o mote das tais infrações, só admitindo a violação ao sigilo profissional por justa causa, nos termos dos arts. 25 a 27 do CED.

JURISPRUDÊNCIA:

EMENTA — PATROCÍNIO — ADVOGADOS DE EMPRESA — LITÍGIO ENTRE SÓCIOS — SIGILO PROFISSIONAL — CONDUTA ÉTICA. No exercício de atividades de consultoria, assessoria e direção jurídicas (art. 1º, inc. II, do EAOAB), nenhuma restrição ética afeta a atuação patronal. Advogados contratados por sociedade limitada representam os interesses da empresa e não os interesses dos sócios individualmente. Ação de exclusão de sócio minoritário, promovida *intuitu societati*, no âmbito do direito comercial, não se confunde com litígio civil entre as pessoas dos sócios, *intuitu personae*. Todavia: se a ação pretendida envolver aspectos sigilosos infringentes de dever ético, não devem os advogados ser constrangidos a patrocinar a causa, salvo se expressamente autorizados, em benefício da sociedade que representam. *V. m.* do parecer e voto do dr. Carlos Aurélio Mota de Souza — Rela. Dra. Roseli Príncipe Thomé — Rev. Dr. Francisco Marcelo Ortiz Filho — Presidente Dr. Robison Baroni — 16.9.1999.

SIGILO PROFISSIONAL — POSTULAÇÃO — EM AÇÃO DE DANOS MORAIS CONTRA EMPRESA DE TURISMO — ANTERIOR CONHECIMENTO DOS FATOS GERADORES IMPEDIMENTO ÉTICO EM CASO DE RENÚNCIA DO MANDATO OU SUBSTABELECIMENTO PARA DEPOIMENTO COMO TESTEMUNHA. Advogado que renuncia ou substabelece a terceiros instrumento de procuração outorgada por cliente com o propósito de prestar depoimento em juízo como testemunha, sob o argumento de que teria presenciado os fatos que justificariam o direito do cliente à indenização por perdas e danos, comete infração ética, não se enquadrando nas exceções previstas nos arts. 25, 26 e 27 do CED, v. u. do parecer e ementa do Rel. Dr. Cláudio Felippe Zalaf — Rev. Dr. José Garcia Pinto — Presidente Dr. Robison Baroni — 23.3.2000.

SIGILO PROFISSIONAL — INFORMAÇÕES REQUISITADAS PELA RECEITA FEDERAL — IMPOSSIBILIDADE DE ATENDIMENTO DEVIDO À QUEBRA DO SIGILO PROFISSIONAL — PRINCÍPIO CONSTITUCIONAL DO DEVER DE SILÊNCIO — PRECEITO DE ORDEM PÚBLICA — EXCEÇÃO. Como regra geral, o advogado está impedido de fornecer à Receita Federal informações sobre os negócios e a situação patrimonial dos clientes ou ex-clientes, sob pena de violar o sigilo profissional, normas éticas e estatutárias, sujeitando-se às sanções disciplinares. Inteligência do art. 25 do CED e do art. 2º da Resolução n. 17/00. A relação advogado-cliente está acima da contratual, envolvida que é pela confiança. O sigilo profissional é preceito de ordem pública. Como exceção, quando o advogado estiver sob fiscalização da Receita Federal e a informação for necessária para provar que os valores creditados na conta bancária do advogado não são rendimentos tributáveis, não há óbice ético em prestar informações, desde que informe apenas os valores repassados aos clientes oriundos de processos judiciais decorrentes de acordos firmados nos autos ou de sentença transitada em julgado. Referidos valores são públicos, não são segredos e não estão amparados pelo sigilo, porque o cliente também está obrigado a declarar os rendimentos recebidos e repassados pelo advogado, inclusive se valendo do valor pago a título de honorários e despesas processuais, como parcela dedutível, e é obrigação do advogado, quando finda a causa, efetuar pormenorizada prestação de contas. Precedentes E-2.345/01, E-2.499/01, E-2.548/02, E-2.709/03, entre outros deste Tribunal. E-3.838/2009 — v. u. 10.12.2009, do parecer e ementa do Rel. Dr. Luiz Antonio Gambelli — Rev. Dr. Luiz Francisco Torquato Avolio — Presidente Dr. Carlos Roberto Fornes Mateucci.

8ª infração: "estabelecer entendimento com a parte adversa sem autorização do cliente ou ciência do advogado contrário".

Advogado, inocentemente por vezes, procura resolver um problema de seu cliente diretamente com a parte adversária, sem a autorização do cliente ou até mesmo sem conhecimento do advogado contrário. Outras vezes, conscientemente para excluir o colega de eventual negociação.

Das duas violações à ética profissional há infração ao dever de abster-se do entendimento direto com a parte adversa que tenha patrono constituído, sem o assentimento deste, na forma do disposto no art. 2º, parágrafo único, inciso VIII, letra *e*, do CED.

Difícil defender-se a infração com base na boa-fé, já que a atitude do advogado nesta hipótese é, sem dúvida, a de resolver sozinho uma pendência que lhe foi confiada e que há de ser, sempre, resolvida com prudência e espírito ético, e claro, com a autorização do cliente.

A censura aqui também precisa ser revista, como sanção.

JURISPRUDÊNCIA:

PATROCÍNIO — ENTENDIMENTO COM A PARTE CONTRÁRIA — CIÊNCIA DO ADVOGADO. Entendimento do cliente diretamente com a parte contrária visando acordo com ciência do advogado desta. Conivência do advogado do primeiro ao requerer a juntada nos autos do acordo porventura celebrado. Infração disciplinar e ética em vista do disposto no art. 34, VIII, do Estatuto da Advocacia e art. 2º, parágrafo único, VIII, e, do Código de Ética e Disciplina. Proc. E — 1.239 — v. u. — Rel. Dr. Júlio Cardella — Rev. Dr. Milton Basaglia — Presidente Dr. Robison Baroni.

9ª infração: "prejudicar, por culpa grave, interesse confiado ao seu patrocínio".

Dois fatos negativos estão presentes no enunciado desta infração: 1) prejuízo ao cliente; 2) culpa grave na atitude do advogado.

Interesse, no caso, é ganho, proveito, vantagem que, a rigor, deve ser um empenho a favor de alguém.

Se o empenho for contra alguém e, em especial, contra alguém que confiou o patrocínio da sua causa, o princípio ético será duramente atingido, ainda mais com o agravante da culpa grave.

É bem verdade que a culpa, qualquer que seja sua dimensão, não revela intenção de prejudicar, o que seria indispensável. Contudo, a culpa, que se exterioriza pela imprudência, negligência ou imperícia, será elemento que não pode deixar de ser considerado no julgamento desse tipo de infração. Veja-se art. 32 do Estatuto.

A sanção de censura, para nós, é também muito branda.

10ª infração: "acarretar, conscientemente, por ato próprio, a anulação ou a nulidade de processo em que funcione".

Por mais cruel que seja um advogado, fica difícil conjeturar sobre esta infração ética, de anulação ou nulidade de processo em que é constituído, conscientemente e por ato próprio, inclusive pelas consequências sérias que advirão de seu ato.

No pior das hipóteses, o que vislumbro para esta infração é a possível vingança do advogado contra seu cliente que não vem honrando seus compromissos quanto a honorários vencidos, deixando de interpor recurso cabível de decisão contrária, conscientemente e por ato próprio, inclusive pelas consequências sérias que advirão de seu ato.

Também essa infração é bastante grave para a sanção de censura, não só pelo prejuízo causado ao constituinte, como pelas consequências de anular processo por irresponsabilidade profissional (art. 32 do Estatuto).

11ª infração: "abandonar a causa sem justo motivo, ou antes, de decorridos dez dias da comunicação da renúncia".

O art. 12 do CED dispõe que "o advogado não deve deixar ao abandono ou ao desamparo os feitos, sem motivo justo e comprovada ciência constituinte".

O artigo seguinte declara que "a renúncia ao patrocínio implica omissão do motivo e a continuidade da responsabilidade profissional ao advogado ou ao escritório de advocacia, durante o prazo estabelecido em lei, não exclui, todavia, a responsabilidade pelos danos causados dolosa ou culposamente aos clientes ou a terceiros".

O art. 14 estabelece que a revogação do mandato pelo cliente não o desobriga do pagamento dos honorários contratados, nem retira do advogado o direito de receber o que lhe foi devido em eventual verba de sucumbência, calculada proporcionalmente.

A infração ora examinada é muito grave porque fere frontalmente a ética e o bom senso porque não se pode conceber advogado que, sem justo motivo, abandone a causa, sem se considerar ainda o prejuízo que tal atitude possa acarretar ao cliente.

É a falta de respeito ao cliente e a irresponsabilidade gerada, inclusive, conforme a causa abandonada, de indenização pelo prejuízo causado.

A infração prevê duas hipóteses: abandonar a causa sem motivo justo ou o abandono antes de decorridos dez dias da comunicação de renúncia.

Sobre a possibilidade de o advogado renunciar ao mandato, prescreve o art. 45 do CPC que o outorgante deve ser certificado do ato, a fim de que este nomeie substituto.

Prescreve, ainda, o artigo mencionado que o advogado continuará a representar o mandante durante os dez dias seguintes, desde que necessário, para lhe evitar prejuízo.

A notificação pode ser feita por via judicial, extrajudicial ou por qualquer meio de ciência inequívoca do cliente.

A renúncia só se concretizará com a prova equívoca do que o cliente foi notificado regularmente, sendo que o prazo de dez dias começará a correr após a prova da notificação.

O art. 44 do CPC dispõe que "a parte que revogar o mandato outorgado ao seu advogado, no mesmo ato constituirá outro que assuma o patrocínio da causa".

Voltando à infração em tela, mais uma vez é de se ponderar que o abandono de causa, sem justo motivo, não poderia ser punido apenas com a censura, como prevê o art. 36, incisos I e II, do Estatuto do Advogado.

JURISPRUDÊNCIA:

ADVOGADO — MANDATO EXTRAJUDICIAL — EVENTUAL CONFIGURAÇÃO DE EXCESSO DE PODER DO MANDATÁRIO — QUEBRA DA FIDÚCIA — REVOGAÇÃO — POSSIBILIDADE — RESGUARDADA A COBRANÇA DE EVENTUAIS HONORÁRIOS QUE POSSAM SER DEVIDOS — NECESSIDADE DE COMUNICAÇÃO PRÉVIA QUANTO À SUBSTITUIÇÃO POR NOVO PATRONO SOB PENA DE INFRAÇÃO DISCIPLINAR DESTE — POSSÍVEL INFRAÇÃO DISCIPLINAR DO MANDATÁRIO A SER VERIFICADA NO CASO CONCRETO — IMPOSSIBILIDADE DE ANÁLISE DESTE E. TRIBUNAL POR SE TRATAR DE TRIBUNAL DEONTOLÓGICO — INVENTÁRIO — HERDEIRO NECESSÁRIO — POSSIBILIDADE DE ADVOGAR EM CAUSA PRÓPRIA — EXPRESSA AUTORIZAÇÃO DO ART. 36 DO CPC — RECOMENDAÇÃO DESTA CASA, ENTRETANTO, DE CONTRATAÇÃO DE COLEGA, DEPENDENDO DAS CIRCUNSTÂNCIAS DO CASO CONCRETO, O QUAL PODERÁ AGIR COM ISENÇÃO DE ÂNIMO E SEM ENVOLVIMENTO EMOCIONAL. Pode sempre o cliente revogar o mandato, ainda mais se eventualmente configurado que o mandatário excedeu os poderes ali conferidos, ressalvado o direito deste de cobrar eventuais honorários que possam lhe ser devidos, bem como a necessidade das devidas comunicações previstas no art. 11 do EAOAB, sob pena de infração disciplinar por parte do novo patrono. Possíveis infrações disciplinares ou a verificação de quaisquer prejuízos deverão ser discutidos na ação judicial cabível, não podendo se manifestar este E. Tribunal sobre o mérito da questão, dada sua competência exclusivamente deontológica. Pode o herdeiro necessário, desde que devidamente inscrito nos quadros da Ordem (art. 8º EAOAB), advogar em causa própria nos autos de inventário, ressaltando-se a necessária fidúcia dos demais herdeiros na outorga das procurações. Não obstante, dependendo das circunstâncias do caso concreto, recomenda esta casa a contratação de colega, o qual poderá agir com isenção de ânimo e sem envolvimento emocional. Proc. E-3.787/09 — v. u., 16.7.2009, do parecer e ementa do Rel. Dr. Fábio Plantulli — Rev. Dr. Cláudio Felippe Zalaf — Presidente Dr. Carlos Roberto Fornes Mateucci.

MANDATO — QUEBRA DE CONFIANÇA — RENÚNCIA. Ocorrendo falta de confiança do cliente, o advogado deve declinar do mandato (CEP, Seção VII, inciso I). Deve também agir se o cliente por atitudes e atos denigre a imagem, o nome e a honra de seu patrono, com o que este estará defendendo suas prerrogativas e a reputação da classe (EOAB, art. 87, inciso VIII) e zelando pela própria reputação (*idem, ibidem*, inciso VIII). Precedentes: E-756, rel. Dr. Milton Basaglia. Proc. E-1.106 – v. u. — Relator Dr. José Urbano Prates — Revisor Dr. Daniel Schwenck — Presidente Dr. Modesto Carvalhosa.

ABANDONO DA CAUSA — REVOGAÇÃO DE PODERES OUTORGADOS — PRAZO DE REPRESENTAÇÃO PERSISTE POR DEZ DIAS — PRAZOS PROCESSUAIS RELEVANTES DESCUMPRIDOS PELO ADVOGADO, COM PREJUÍZO DA PARTE NO PERÍODO, ENSEJA INFRAÇÃO ÉTICA — MUDANÇA DE ENDEREÇO COM OBRIGATORIEDADE DE INFORMAR O CLIENTE E O JUÍZO DA CAUSA QUE PATROCINA — PREJUÍZO PROCESSUAL COMPROVADO ENSEJA INFRAÇÃO ÉTICA. O advogado que renuncia aos poderes concedidos pelo cliente está obrigado a prosseguir na representação pelo prazo de dez dias, informando o cliente e o juízo da causa, sob pena de incorrer em infração ética e sujeito as sanções previstas no Capítulo IX da Lei n. 8.906/94. Tal dispositivo dispõe sobre as Sanções e Infrações Disciplinares imputáveis aos profissionais da advocacia. São normas disciplinares proibitivas de condutas indesejadas, consideradas atentatórias aos deveres éticos dos advogados, bem como dos estagiários. A inércia do advogado diante dos deveres e ônus processuais, acarretando a paralisação do processo com prejuízo à parte, faz presumir desistência da pretensão à tutela jurisdicional e equivale ao desaparecimento do interesse, que é condição para o regular exercício do direito de ação. Havendo prejuízo à parte ensejará infração ética. O advogado deve, sempre que alterar seu endereço de trabalho ou de correspondência, informar seu cliente, bem como ao juízo que postula em seu nome. Precedente E.1320 deste Tribunal Deontológico. Proc. E-3.732/09 — v. u. 27.3.2009, do parecer e ementa do Rel. Dr. Cláudio Felippe Zalaf — Rev. Dr. Luiz Francisco Torquato Avolio — Presidente Dr. Carlos Roberto F. Mateucci.

12ª infração: "recusar-se a prestar, sem justo motivo, assistência jurídica, quando nomeado em virtude de impossibilidade da Defensoria Pública".

O art. 134 da Constituição da República dispõe que:

"A Defensoria Pública é instituição essencial à função jurisdicional do Estado, incumbindo-lhe a orientação jurídica e a defesa em todos os graus, dos necessitados, na forma do art. 5º, LXXIV", a qual será organizada por Lei Complementar (parágrafo único).

Como o advogado, a Defensoria Pública é indispensável à administração da justiça, sendo inviolável por seus atos e manifestações no exercício da profissão, nos limites de lei.

Como todo cidadão, é assegurado constitucionalmente o direito à ampla defesa e ao contraditório, o necessitado, na forma do art. 5º, LXXIV, terá direito a ser defendido por um advogado da Defensoria Pública, o qual, se ausente ou impedido, deverá ser substituído por um advogado nomeado pelo juiz da causa. É o advogado dativo.

A infração ora em exame é a que se verifica quando o advogado nomeado em substituição ao Defensor Público recusar-se a prestar, sem justo motivo, assistência ao necessitado.

A infração existirá se houver recusa sem justo motivo por parte do advogado nomeado.

A censura caberá uma única vez. A reincidência acarretará suspensão disciplinar (arts. 36, I e II, e 37, I).

13ª infração: "fazer publicar na imprensa, desnecessária e habitualmente, alegações forenses ou relativas a casos pendentes".

Alegações forenses, relativas ou não a casos pendentes, não podem ser veiculadas na imprensa escrita ou falada, seja para vangloriar-se delas, seja para formar opinião favorável a elas.

A ética profissional não admite a utilização da mídia para tornar pública manifestação que só diz respeito ao advogado que cuida da demanda judicial que, para tanto é remunerado. O contrário seria admitir-se a propaganda de argumentos em torno de uma questão judicial.

A censura caberá, a nosso ver, se ocorrer uma única vez. Na reincidência a suspensão disciplinar será a sanção adequada.

14ª infração: "deturpar o teor do dispositivo de lei, de citação doutrinária ou de julgado, bem como de depoimentos, documentos e alegações da parte contrária, para confundir o adversário ou iludir o juiz da causa".

Advogado que comete qualquer dessas deturpações (à lei, às citações de doutrina e à jurisprudência) certamente não procede de forma merecedora de respeito, contribuindo para o desprestígio da classe a que pertence. Pratica com tais atitudes evidente falha de ética profissional (art. 31, do EAOAB), tornando-se moralmente inidôneo para o exercício da advocacia (art. 34, XVII), capaz até de lhe ser aplicada a pena de exclusão do quadro, dependendo das circuns-tâncias de cada caso.

15ª infração: "fazer, em nome do constituinte, sem autorização escrita deste, imputação a terceiro de fato definido como crime".

Esta infração, além do aspecto ético relacionado com o comportamento do advogado, envolve ainda, de forma mais grave, o crime de calúnia pela imputação a terceiro de fato definido como crime. No caso, o advogado que agiu em nome do constituinte, sem sua autorização, cometeu a infração e o eventual crime de calúnia por conta própria. Deve, pois, o Tribunal de Ética que julgou a infração comunicar o Ministério Público para providências criminais.

Suponha-se, para esta infração, um comerciante que mantenha contrato com advogado para assessoria e, que este advogado, desconfiado de algum empregado do comerciante, seu constituinte, da prática de apropriação indébita, impute a ele, sem prova eficiente, referido crime, sem autorização do cliente.

Somente a Censura, como sanção (art. 36, I e II), será branda demais.

16ª infração: "deixar de cumprir, no prazo estabelecido, determinação emanada do órgão ou autoridade da Ordem, em matéria de competência desta, depois de regularmente notificado".

Esta infração, com o devido respeito, não nos parece relacionada com a ética profissional, mas, sim, com uma falha de ordem funcional.

Não cumprimento de determinação da Ordem configura-se, a nosso ver, ato de desobediência sujeita a outro tipo de Sanção como se fora inadimplente.

À falta de outro tipo de punição, considera-se como antiético o comportamento do advogado que deixa de cumprir, em prazo estabelecido, determinação emanada da OAB, em matéria de sua competência.

Aqui a censura (art. 36, I) cabe bem.

17ª infração: "postar concurso a clientes ou a terceiros para a realização de fato contrário à lei ou destinado a fraudá-la".

"O advogado é responsável pelos atos que, no exercício profissional, pratica com dolo ou culpa" (art. 32, do Capítulo VIII, sobre a Ética do Advogado, do Estatuto da Advocacia).

Na hipótese desta 17ª infração, a culpa é evidente, em razão da imprudência que cometerá o advogado de colaborar com clientes ou terceiros para contrariar lei ou para fraudá-la.

Um exemplo para esse tipo de infração é a do advogado que, sabendo da existência de uma execução em andamento, resolve aconselhar seu cliente ou terceiros, a se desfazer de bem imóvel, com o evidente sentido de fraudar as leis da execução.

A sanção para a hipótese é a de suspensão, conforme art. 37, I, do EAOAB.

18ª infração: "solicitar ou receber de constituinte qualquer importância para aplicação ilícita ou desonesta".

A infração em tela revela ato de corrupção em que o advogado solicita ou recebe dinheiro do cliente para "comprar" o silêncio de alguém ou para gratificar um desvio de conduta praticado por terceiro em favor de seu cliente.

A sanção de Suspensão (art. 37, I, do Estatuto) é a aplicável, embora um tanto leve para sua prática, a qual, se repetida por três vezes, dará ensejo à pena de exclusão do quadro de advogados (art. 38, I).

19ª infração: "Receber valores da parte contrária ou de terceiro, relacionados com o objeto do mandato, sem expressa autorização do constituinte".

Em nosso entender, mesmo com expressa autorização do constituinte, o recebimento de valores da parte contrária ou de terceiros, desde que relacionados com o objeto do mandato, configura-se ato antiético.

Isto porque, assim agindo, o advogado não se torna merecedor de respeito e estará contribuindo para o desprestígio da classe (art. 31 do Estatuto).

A sanção é a de Suspensão Disciplinar, conforme art. 37, I, do Estatuto, a qual, se repetida por três vezes, poderá dar ensejo à pena de exclusão (art. 38, I).

20ª infração: "locupletar-se, por qualquer forma, à custa do cliente ou da parte adversa, por si ou interposta pessoa".

A locupletação é o ato do enriquecimento, de tornar-se rico. No caso, à custa do cliente ou da parte contrária, em seu benefício ou de outra pessoa.

O *modus operandi* desse tipo de infração é o de tomar dinheiro superior ao realmente devido, do cliente ou da parte contrária, com desculpas de dificuldades causadas pelos processos sob seu patrocínio ou, pior ainda, para facilitar ao adversário de alguma forma sobre o andamento processual.

Essa falha da ética profissional, que é também ato de corrupção, por vezes é conseguida mercê de interposta pessoa, na tentativa de ajuda quanto à locupletação indevida.

A sanção é a Suspensão Disciplinar (art. 37, I), podendo tornar-se exclusão, se repetida por três vezes (art. 38, I).

21ª infração: "recusar-se, injustificadamente, a prestar contas ao cliente de quantias recebidas dele ou de terceiros por conta dele".

O advogado, como todo ser humano, deve ser honesto em todas as suas atitudes com clientes e terceiros, do mesmo modo que o será com todos aqueles com os quais mantiver qualquer tipo de contato social.

A infração ora examinada diz respeito diretamente à desonestidade do advogado originando a falta de ética profissional pela recusa ou atraso em prestar contas ao cliente ou a terceiros de valores em dinheiro recebidos em razão de serviços prestados.

Essa infração macula a profissão e gera suspeita a toda a classe.

Lamentavelmente esse comportamento tem sido bastante comum entre advogados sem a formação de caráter desejável para todo e qualquer ser humano da mais simples à mais complexa convivência social e/ou profissional.

As representações contra advogados no tocante a essa falha ética reveladora de desonestidade são em grande número e, o pior, é que os clientes, ao fazerem tais representações, esperam receber a prestação de contas e se frustram ao tomarem ciência de que o advogado só vai receber uma sanção disciplinar de suspensão.

Saem frustrados e decepcionados com o Tribunal de Ética, que assim teve que julgar porque apenas cuida da disciplina dos advogados, sem que tenha competência para julgar o crime de apropriação indébita ou de compelir o advogado a pagar o que deve aos clientes por recusar injustificadamente, ou atrasar a prestação de contas do recebido por ter poderes para receber e dar quitação.

JURISPRUDÊNCIA:

MANDATO — CLÁUSULA DE DISPENSA DE PRESTAÇÃO DE CONTAS AO CLIENTE — INADMISSIBILIDADE POR INCONVENIÊNCIA ÉTICA. A outorga de mandato judicial não pode ser ilimitada, de modo a subtrair do outorgante o direito de ter prestadas as contas dela decorrentes. Trata-se de direito positivo do mandante, disciplinado no ordenamento civil vigente (CC, art. 1.031, CPC, arts. 914 e seguintes), dele decorrente, o dever de apresentar as contas respectivas (EAOAB, art. 34, XXI e Código de Ética e Disciplina, art. 9º), sob pena de caracterização de infração disciplinar passível de suspensão por tempo indeterminado, inobstante a indenização devida por danos sofridos. Proc. E — 1.621/97 — v. u. 20.11.97 do parecer e ementa da Rela. Dra. Maria Cristina Zucchi — Rev. Dr. Elias Farah — Presidente Dr. Robison Baroni.

22ª infração: "reter, abusivamente, ou extraviar autos recebidos com vista ou em confiança".

Um dos direitos do advogado é o de "ter vista de processos judiciais ou administrativos de qualquer natureza, em cartório ou na repartição competente, ou retirá-los pelos prazos legais", conforme item XV do art. 7º do Estatuto.

A retenção de autos de processo será abusiva, por exemplo, se o prazo concedido para a vista for ultrapassado, o que sempre fará com que o andamento do processo deixe de ser normal, trazendo prejuízo para a parte adversa.

Será mais abusiva ainda se a retenção for de má-fé, ou seja, para que não se realize determinado ato processual, como a audiência já designada.

A retenção findos em confiança pode ocorrer, por exemplo, quando a retirada dos autos é de processos findos, mesmo sem procuração, pelo prazo de dez dias, conforme item XV do art. 7º do Estatuto.

O abuso será sempre a retenção além dos prazos legais, causando prejuízos evidentes.

A sanção é a Suspensão Disciplinar (art. 37, I, do Estatuto).

23ª infração: "deixar de pagar as contribuições, multas e preços de serviços devidos a OAB, depois de regularmente notificado a fazê-lo".

A OAB, serviço público, dotada de personalidade jurídica e forma federativa, tem por finalidade, dentre outras, a de promover com exclusividade a representação, a defesa, a seleção e a disciplina dos advogados em toda a República Federativa do Brasil (art. 44, II, do Estatuto).

Em razão dessa finalidade e de tantas outras, compete a ela fixar e cobrar, de seus inscritos, contribuições, preços de serviços e multas (art. 46 do Estatuto), constituindo título executivo e extrajudicial a certidão passada pela diretoria do Conselho competente, relativa a crédito previsto neste artigo (parágrafo único do art. 46).

É tão importante sua representação que "o pagamento da contribuição anual à OAB isenta os inscritos de seus quadros de pagamento obrigatório da contribuição sindical" (art. 47 do Estatuto).

Por constituir serviço público, goza de imunidade tributária total em relação a seus bens, rendas e serviços (art. 44, § 5º, do Estatuto).

Por ter esse arcabouço jurídico de entidade associativa de representação de toda a classe de advogados é que constitui infração à ética profissional deixar de pagar as contribuições, multas e preços de serviços, depois de notificado regularmente.

Isto sem prejuízo dos inconvenientes da cobrança judicial e/ou da exclusão do quadro associativo.

JURISPRUDÊNCIA:

ADVOGADO SUSPENSO PELA OAB — CONSULTA PRETENDENDO O NÃO PAGAMENTO DA ANUIDADE EM FACE DO IMPEDIMENTO AO EXERCÍCIO FUNCIONAL — TEXTO COM EXPRESSÕES OFENSIVAS E CALUNIOSAS. Comete infração ética o advogado que, em requerimento dirigido à OAB, se insurge contra o pagamento da anuidade, pelo fato de estar suspenso e, portanto, impedido de exercer sua atividade profissional. As expressões contidas no requerimento acostado nos autos são ofensivas e caluniosas e adentram o campo da ética, infringindo-o. Remessa às Turmas Disciplinares para as providências de praxe. Proc. E-2.297/01 — v. u. 15.2.01 do parecer e ementa do Rel. Dr. Cláudio Felipe Zalaf — Reva. Dra. Maria Do Carmo Whitaker — Presidente Dr. Robison Baroni.

24ª infração: "incidir em erros reiterados que evidenciem inépcia profissional".

Esta infração, punível com a Suspensão Disciplinar (art. 37, I, do Estatuto), por vezes é examinada pelo julgador do TED sob o aspecto vernáculo, o qual, se usado com incorreções, leva à declaração da inépcia profissional, que se configura quando erros reiterados apresentam vícios que dificultam a prestação jurisdicional.

A inépcia profissional, no caso desta infração, é a que revela desconhecimento de noções fundamentais do direito.

25ª infração: "manter conduta incompatível com a advocacia".

A sanção para este tipo de infração é a Suspensão Disciplinar (art. 37, I, do Estatuto).

Conduta incompatível com a advocacia é aquela que atenta contra a dignidade da profissão cujo serviço é público e de função social, como defensor da cidadania, da moralidade pública, da Justiça e da paz social.

O advogado deve ter comportamento exemplar, sem se deixar levar por vícios de jogos, de embriaguez ou de drogas, inclusive tomando atitudes que favoreçam clientes presos etc., servindo de intermediários em atividades ilícitas.

26ª infração: "fazer falsa prova de qualquer dos requisitos para a inscrição na OAB".

A teor do disposto no art. 8º do Estatuto, para a inscrição como advogado é necessário:

1) capacidade civil;

2) diploma ou certidão de graduação em direito;

3) título de eleitor e quitação do serviço militar, se brasileiro;

4) aprovação em Exame de Ordem;

5) não exercer atividade incompatível com a Advocacia;

6) idoneidade moral;

7) prestar compromisso perante o Conselho da Ordem.

A prova de tais requisitos deve ser produzida sem nenhuma falsidade, para que a inscrição seja aceita.

Em havendo prova falsa de qualquer requisito, a infração terá que ser punida com a Sanção Disciplinar até com a exclusão do quadro associativo, conforme art. 38, II, do Estatuto, pela gravidade de atitude básica para o exercício da advocacia.

27ª infração: "tornar-se moralmente inidôneo para o exercício da advocacia".

Como vimos, a idoneidade moral é um dos requisitos para a inscrição do advogado na OAB.

Assim, se no decurso dos anos o inscrito tornar-se moralmente inidôneo para o exercício de sua profissão, estará sujeito à pena de Suspensão Disciplinar (art. 37, I, do Estatuto).

Inidôneo é o que deixa de ser probo, honesto, competente no seu mister profissional, e moralmente inidôneo é o que não apresenta as características da idoneidade, contrariando costumes e comportamentos aceitos como bons pela sociedade.

A probidade ou honestidade que tornam um profissional a ser tido como idôneo podem, à sua falta, torná-lo moralmente inidôneo para o exercício da advocacia.

28ª infração: "praticar crime infamante".

Crime infamante é aquele que desonra a pessoa que o pratica, e que por sua gravidade torna o praticante uma pessoa malvista e deslocada da comunidade em que vive.

Nessas condições, se o advogado praticar crime com essas conotações, ficará sujeito à pena de exclusão do quadro associativo na forma do art. 38, II, do Estatuto.

A indagação que fica no ar é sobre a prática pelo advogado de outro crime que não seja infamante, como furto, apropriação indébita, etc. A que sanção estará sujeito?

Será que as infrações são apenas as enumeradas no art. 34 do Estatuto, como *numerus clausus,* ou pode o julgador, na linha do que é ético ou não, julgar outros tipos de práticas desonestas? A dúvida existirá porque não há sanção que não as previstas nos arts. 36 a 42.

Reflexão para eventuais alterações *de lege ferenda*.

29ª infração: "praticar o estagiário ato excedente de sua habilitação".

O estagiário tem sua atividade devidamente regulamentada pelo Estatuto, nos arts. 27 a 31, Capítulo IV.

Assim, os atos de advocacia podem ser subscritos por estagiário inscrito na OAB, em conjunto com o advogado ou defensor público.

O estagiário inscrito regularmente na OAB pode praticar isoladamente os seguintes atos, sob a responsabilidade do advogado:

1) retirar e devolver autos em cartório, assinando a respectiva carga;

2) obter junto aos escrivães e chefes de secretarias certidões de peças de autos de processos em curso ou findos;

3) assinar petições de juntada de documentos a processos judiciais ou administrativos;

4) comparecer isoladamente para o exercício de atos extrajudiciais quando receber autorização ou subestabelecimento do advogado.

A prática de ato excedente da sua habilitação constituirá infração ética do estagiário que o sujeitará à Sanção Disciplinar de Censura (art. 36, I, do Estatuto).

JURISPRUDÊNCIA:

ESTAGIÁRIO — LIMITES FUNCIONAIS. Constitui-se em função privativa do Advogado e/ou do Estagiário inscrito na OAB, a retirada de autos em Cartório, sob carga, uma vez que a função de Estagiário está prevista no art. 3º, § 2º do Estatuto da Advocacia, atribuindo-lhe função privativa de Advogado, desde que em conjunto e sob a responsabilidade daquele. A simples retirada de xerox é concedida pelo Juízo a qualquer pessoa, desde que providenciada por funcionário do Cartório. É matéria da competência administrativa do Juízo, não podendo ser prevista por procuração outorgada pela Parte. Proc. E — 1.337 — v. u. — Rel. Dr. Geraldo José Guimarães da Silva — Rev. Dr. Antônio Lopes Muniz — Presidente Dr. Robison Baroni.

JURISPRUDÊNCIA:

MANDATO — *JUS POSTULANDI* — OUTORGA PARA NÃO ESTAGIÁRIO. Somente aos estagiários é permitido praticar atos judiciais não privativos de advogado e exercer o procuratório extrajudicial, desde que recebam, somente em conjunto ou por substabelecimento daquele, a procuração. Estagiários são apenas aqueles que, para o exercício das respectivas funções estão inscritos nos quadros da OAB conforme determina o art. 65 do E.OAB. e que para isso devem provar, dentre outras coisas estarem matriculados nos 4º ou 5º ano da Faculdade de Direito e também no curso ou escritório de orientação do estágio (art. 50, I a III, do EOAB) — Só estes podem figurar, portanto em procurações recebidas, em conjunto ou por subestabelecimento, de advogados, nunca isolada ou individualmente, estando isso vedado aos acadêmicos das demais séries e também para os que, mesmo estando matriculados nas 4ª e 5ª séries, não se acham inscritos nos quadros da OAB como estagiários. Aos estagiários se aplicam todas as disposições dos incisos I a XIX e XXII do art. 87 e inciso XXVIII do EOAB e a Seção X do Código de Ética Profissional. Incluir não estagiários em procuração, mesmo que somente para retirar e entregar processos em Cartório e/ou secretárias caracteriza a infração disciplinar prevista no art. 103, II do EOAB e sujeitará aquele às penas do delito do exercício ilegal da profissão. Proc. E-1.092 — v. u. Relator Dr. Joviano Mendes da Silva — Revisor Dr. José Eduardo Dias Collaço — Presidente Dr. Modesto Carvalhosa.

JURISPRUDÊNCIA:

ESTAGIÁRIO — ATOS JUDICIAIS — ATIVIDADE LIMITADA. O estagiário, regularmente inscrito, pode praticar os atos privativos do advogado desde que o faça em conjunto e sob a responsabilidade deste (Lei n. 8.906/94, art. 3º, § 2º; Reg. Geral do EAOAB, art. 29). Isoladamente, na esfera judiciária, o estagiário só poderá retirar e devolver autos mediante carga em cartório, obter certidões de peças e atos de processos em curso ou findo e assinar apenas petições de juntada de documentos a processos judiciais ou administrativos (Reg. Geral, art. 29, § 1º, I a III). Ainda, isoladamente, pode praticar atos extrajudiciais desde que autorizado por advogado, inclusive por substabelecimento (Reg. Geral, art. 29, § 2º). Proc. E — 1.384 — v. u. — Rel. Dr. Milton Basaglia — Rev. Dr. Paulo Afonso Lucas — Presidente Dr. Robison Baroni.

30ª infração: "inclui-se na conduta incompatível" (parágrafo único do art. 34).

Vimos, ao examinar a 25ª infração à Ética do Advogado, que a conduta incompatível com a advocacia é aquela que atenta contra a dignidade da profissão, cujo serviço é *munus* público e de função social.

É que o advogado, como defensor da cidadania, da moralidade pública, da justiça e da paz social, há de ter comportamento compatível com tais obrigações, não se deixando levar por vícios de jogos, de embriaguez ou de entorpecentes.

O parágrafo único do art. 34 estabelece que se inclui na conduta incompatível do advogado:

1) prática reiterada de jogo de azar, não autorizado por lei;

2) incontinência pública e escandalosa;

3) embriaguez ou toxicomania habituais.

A sanção disciplinar é a Suspensão da atividade (art. 37, I, do Estatuto).

MULTA: A multa aplicável como sanção deve variar entre o mínimo correspondente ao valor de uma anuidade e o máximo de seu décuplo, aplicável cumulativamente com a censura ou suspensão, se houver circunstâncias agravantes (art. 39).

Atenuação das Sanções Disciplinares

Na aplicação das sanções disciplinares são consideradas, para fins de atenuação, as seguintes circunstâncias, dentre outras:

1) falta cometida na defesa de prerrogativa profissional;

2) ausência de punição disciplinar anterior;

3) exercício assíduo e proficiente de mandato ou cargo em qualquer órgão da OAB;

4) prestação de relevantes serviços à advocacia ou à causa pública. (art. 40).

Reabilitação

Após um ano de cumprimento da sanção que lhe foi imposta, pode o advogado requerer a reabilitação, em face de provas efetivas de bom comportamento. Se a reabilitação for requerida tendo em vista sanção disciplinar resultante de crime, dependerá ela também da reabilitação criminal.

PROCESSO DISCIPLINAR NO BRASIL

O Estatuto do Advogado, no seu título III (capítulos I, II e III), dispõe nos arts. 68 a 77 sobre o processo na OAB, o processo disciplinar e os recursos.

A esse procedimento aplicam-se subsidiariamente as regras da legislação processual penal comum, e aos demais processos, as regras gerais do procedimento administrativo comum e da legislação processual civil.

Todos os prazos necessários à manifestação de advogados, estagiários e terceiros, nos processos em geral da OAB, são de 15 dias, inclusive para interposição de recursos.

O poder de punir disciplinarmente os inscritos na OAB/SP compete exclusivamente ao Conselho Seccional em cuja base territorial tenha ocorrido a infração, salvo se a falta for cometida perante o Conselho Federal.

A decisão condenatória irrecorrível deve ser imediatamente comunicada ao Conselho Seccional onde o representado tenha inscrição principal para constar dos respectivos assentamentos.

O Tribunal de Ética e Disciplina — TED pode suspender o acusado preventivamente em caso de repercussão prejudicial à dignidade da advocacia, depois de ouvi-lo em sessão especial à qual deve ser notificado a comparecer, salvo se não atender à notificação. Neste caso, o processo disciplinar deve ser concluído em 90 dias.

A jurisdição disciplinar não exclui a comum e, quando o fato constituir crime ou contravenção, deve ser comunicado às autoridades competentes.

O processo disciplinar instaura-se de ofício ou mediante representação de qualquer autoridade ou pessoa interessada.

O Código de Ética e Disciplina é o que estabelece os critérios de admissibilidade da representação e os procedimentos disciplinares, como veremos adiante.

O processo disciplinar tramita em sigilo até o seu término. Só têm acesso às suas informações as partes, seus defensores e a autoridade judiciária competente.

Recebida a representação, o Presidente designa Relator, a quem compete a instrução do processo e o oferecimento de parecer preliminar a ser submetido ao Tribunal de Ética e Disciplina — TED.

Ao representado é assegurado amplo direito de defesa, podendo acompanhar o processo em todos seus termos, oferecendo defesa prévia após ser notificado, razões finais após a instrução e defesa oral perante o TED, por ocasião do julgamento.

Pode ocorrer de o Relator se manifestar pelo indeferimento liminar da representação, cabendo a decisão do Presidente do Conselho Seccional, para determinar seu arquivamento.

O prazo para defesa pública pode ser prorrogado a juízo do relator.

Se o representante não for encontrado ou for revel, o Presidente do Conselho ou da Subseção nomeará defensor dativo.

A revisão de o processo disciplinar é permitida, por erro de julgamento ou por condenação baseada em prova falsa.

Cabe recurso ao Conselho Federal das decisões proferidas pelo Conselho Seccional quando não tenham sido unânimes, contrariem o Estatuto, decisão do Conselho Federal ou de outro Conselho Seccional e, ainda, o Regulamento Geral, o Código de Ética e Disciplina e os Provimentos.

Além dos interessados, o Presidente do Conselho Seccional é legitimado a interpor o recurso.

Cabe recurso do Conselho Seccional de todas as decisões proferidas por seu presidente, pelo TED ou pela diretoria de Subseção ou da Caixa de Assistência dos Advogados.

Os recursos têm efeito suspensivo, exceto se tratarem de eleições (arts. 63 e seguintes), de suspensão preventiva decidida pelo TED e do Cancelamento de inscrição obtida com prova falsa.

O Regulamento Geral disciplina o cabimento dos recursos.

O Código de Ética e Disciplina também cuida do processo disciplinar nos arts. 49 a 66, bem como o Regimento Interno da OAB/SP, ambos de forma mais pormenorizada do que o Estatuto, que é genérico.

Diante da clareza de tais expedientes normativos, publicamos, a seguir, os respectivos textos, para complemento desta obra dedicada com maior intensidade às infrações, sanções e jurisprudência do TED.

De observar-se que há também, no âmbito da OAB/SP, um Regimento Interno da 1ª Turma do TED, denominada TED-1, que se destina à Deontologia e será presidida pelo Vice-Presidente do Tribunal, o qual indicará um advogado para secretariar.

A função dessa 1ª Turma é a de responder às consultas que lhe forem formuladas, visando orientar e aconselhar os inscritos na Ordem, admitidas as exceções previstas em face de dúvidas e respeito da conduta ética relativamente ao exercício da advocacia.

Seu objetivo é o de propugnar pelo cumprimento e observância do Estatuto, do Código de Ética e Disciplina, Provimento, Resoluções, cabendo-lhe responder a consultas do Conselho Seccional e dos Presidentes de Subseções em matéria de deontologia profissional dentre outras atribuições.

A Seção Deontológica do TED, preocupada sempre com a Ética Profissional do Advogado, tem baixado Resoluções sobre o exercício da advocacia, que servem de diretrizes para as atividades profissionais corretas, de modo a torná--las merecedoras de respeito, contribuindo para o prestígio da classe.

As instruções dessas Resoluções são o caminho seguro para que a advocacia seja respeitada, e os Tribunais de Ética e Disciplina, menos acionados, já que, a julgar pelo grande número de processos disciplinares, o conceito da profissão não tem sido dos melhores.

O Regimento Interno da 1ª Turma, os Códigos de Ética e Disciplina, bem como as Resoluções da Ordem dos Advogados da Seccional de São Paulo, são publicados nesta obra pela importância que têm para os inscritos na sua tarefa de prestar serviços públicos com função social, de modo a manter o alto conceito da advocacia no Estado de São Paulo.

No tocante ao Tribunal de Ética e Disciplina I, turma de Ética profissional, que começou a vigorar no âmbito da OAB, Seccional de São Paulo, há que ser ressaltado o excelente trabalho feito por renomados advogados, os quais, sem descuidarem de sua clientela, dedicam-se com afinco a construir uma história louvável de amor a uma causa relevante de reflexão sobre os temas relacionados à ética profissional dos advogados.

Sobre essa postura reflexiva, destaca Luiz Flávio Borges D'Urso, Digno Presidente da OAB/SP, no prefácio ao excelente livro intitulado *Ética Aplicada à Advocacia*, coordenado por Flavio Kalil Vilela Leite, de 2009, o seguinte trecho:

> O advogado é o artifício da defesa e da realização dos direitos fundamentais dos cidadãos, da cidadania e da moralidade pública. Com efeito, os deveres essenciais e éticos do advogado estão ligados a uma atuação de retidão e honestidade ao longo do patrocínio de diferentes ações, devendo sempre consultar a Turma Deontológica quando surgirem conflitos de interesse de ordem ética.

Em Portugal, o Tribunal de Ética do Advogado tem a denominação de Tribunal Deontológico, e o processo disciplinar para apreciação de acusações feitas contra advogados é o regular, como ocorre com o processo administrativo no Brasil, com defesas, instruções e julgamentos por um relator sem as previsões das infrações e das sanções disciplinares (arts. 154, 155 e 156).

Esse processo aberto, sem as amarras de uma tipicidade imperfeita, porque incompleta, e sem sanções previamente estabelecidas, quase nunca adequadas, mostra-se muito mais lógico e eficiente, dando ao julgador a liberdade do bom-senso e da possibilidade de exame por revisor e, ainda, pela reforma do decidido mercê do recurso para a instância superior.

Os arts. 126, 127, 128 e 129, abaixo transcritos, orientam os aplicadores das penalidades por infrações praticadas, sem detalhamentos quanto a elas, como consta de nosso Estatuto.

Para completar esse sistema, devem-se levar em conta as circunstâncias agravantes e atenuantes e também os casos de reincidência e de infrações únicas e/ou acumuladas.

Art. 126.

Medida e Graduação da Pena

> 1) Na determinação da medida das penas deve atender-se aos antecedentes profissionais e disciplinares do arguido, ao grau da culpa, às consequências da infração e a todas as demais circunstâncias agravantes e atenuantes.

2) A pena de advertência é aplicável a faltas leves no exercício da advocacia e consiste num juízo de reprovação pela infração disciplinar cometida.

3) A pena de censura é aplicável a faltas leves no exercício da advocacia e consiste num juízo de reprovação pela infração disciplinar cometida.

4) A pena é multa aplicável aos casos de negligência, sendo fixada em quantia certa em função da gravidade da falta cometida.

5) A pena de suspensão é aplicável aos casos de culpa grave e consiste no afastamento total do exercício da advocacia durante o período de aplicação da pena.

6) As penas de expulsão e suspensão por período superior a três anos só podem ser aplicadas por infração disciplinar que afete gravemente a dignidade e o prestígio profissional.

Art. 127.

Circunstâncias Atenuantes

Constituem, entre outras, circunstâncias atenuantes:

a) O exercício afetivo da advocacia por um período superior a cinco anos, sem qualquer sanção disciplinar;

b) A confissão;

c) A colaboração do advogado arguido para a descoberta da verdade;

d) A reparação espontânea, pelo advogado arguido, dos danos causados pela sua conduta.

Art. 128.

Circunstâncias Agravantes

Constituem, entre outras, circunstâncias agravantes:

a) A verificação de dolo;

b) A premeditação;

c) O conluio;

d) A reincidência;

e) A acumulação de infrações;

f) A prática de infração disciplinar durante o cumprimento de pena disciplinar ou de suspensão da respectiva execução;

g) A produção de prejuízo de valor igual ou superior à metade da alçada dos tribunais da relação.

Art. 129.

Reincidência

Considera-se reincidente o advogado que cometa uma infração disciplinar que deve ser punida com pena igual ou superior à de multa, antes de decorrido o prazo de três anos sobre o termo cumprido de pena efetiva de igual ou superior gravidade que lhe tenha sido definitivamente aplicada pela prática de infração anterior.

Art. 130.

Unidade e Acumulação de Infrações

1) Verifica-se a acumulação de infrações sempre que duas ou mais infrações sejam cometidas simultaneamente ou antes da punição de infração anterior.

2) Não pode ser aplicada ao mesmo advogado mais de uma pena disciplinar;

   a) Por cada infração cometida;

   b) Pelas infrações acumuladas que sejam apreciadas em um único processo;

   c) Pelas infrações apreciadas em mais de um processo, quando apensados.

Somos de opinião que as questões e as sanções previstas no nosso Estatuto devem ser reformuladas, se se quiser manter o mesmo esquema, ou simplesmente valer-se do processo disciplinar do Direito Português, como um arejamento no trato dos atos antiéticos dos advogados, atos esses que, como vimos, não são apenas previstos no art. 34 do Estatuto.

Faz-se necessária uma abertura democrática nos processos disciplinares sem a imposição de regras rígidas de tipificação de conduta antiética, e, pior ainda, de sanções quase sempre inadequadas.

Os processos disciplinares devem ser, a nosso ver, os mais democráticos possíveis, com acusação, defesa e contraditório, para instrução e julgamento livres pelos membros das Turmas de Ética e Disciplina.

CÓDIGO DE DEONTOLOGIA DOS ADVOGADOS EUROPEUS — CDAE

Regras profissionais e deontológicas

A deontologia é o estudo dos princípios, fundamentos e sistemas da Moral.

No Código de Ética e Disciplina brasileiro, suas regras fundamentais estão previstas nos arts. 1º a 7º, do Capítulo I, e no Código de Deontologia dos Advogados Europeus — CDAE, está dito que as regras próprias de cada Ordem ou organização de advogados baseiam-se em iguais valores, e, na maioria dos casos, têm uma origem comum.

Tais regras deontológicas estão adequadas a garantir, pela sua espontânea observância, o exercício correto de uma função indispensável em todas as sociedades civilizadas. O descumprimento de suas regras é suscetível de ser objeto de sanções disciplinares.

Os objetivos do código de deontologia dos advogados europeus

As dificuldades resultantes da aplicação de uma "dupla deontologia" redundaram na definição das regras uniformes aplicáveis a todos os advogados do espaço econômico europeu na sua atividade transfronteiriça.

Não deixa de ser uma boa ideia a definição também de regras uniformes para aplicação pelos advogados nas zonas fronteiriças do Mercosul, evitando-se a existência de mais uma deontologia.

As regras codificadas propostas são as que:

1) sejam reconhecidas como expressão da convicção comum de todas as ordens de advogados da União Europeia e de Espaço Econômico Europeu;

2) sejam adaptadas como regras vinculativas de harmonia com os procedimentos nacionais;

3) sejam as regras interpretadas e aplicadas em harmonia com as deste código;

4) devem os advogados seguir tais regras além das de Ordem de Advogados a que pertencem, na medida em que sejam conformes com as do presente Código de Deontologia dos Advogados Europeus.

O que importa notar é que o Código de Deontologia dos Advogados Europeus é um Anexo do Estatuto da Ordem dos Advogados de Portugal, em sua 5ª ed., de 2009.

No seu texto, o Estatuto contém, como Capítulo IV, normas sobre processo, cujas formas são:

a) Processo disciplinar

b) Processo de inquérito

O processo disciplinar é aplicado sempre que a determinado advogado ou estagiário sejam imputados os fatos devidamente concretizados, suscetíveis de constituir infração.

O processo de inquérito é aplicável quando a participação for de autoria de um particular ou de entidades estranhas à Ordem e nela não esteja claramente identificado o advogado ou estagiário visado ou se imponha a realização de diligências sumárias para esclarecimento ou concretização de fatos participados.

Averiguada a identidade do advogado, é proposta a imediata conversão do processo de inquérito em processo disciplinar, mediante parecer sucintamente fundamentado.

Na instrução do processo deve o relator procurar atingir a verdade material, removendo todos os obstáculos ao seu regular e rápido andamento.

A forma dos atos, quando não esteja expressamente regulada deve ajustar-se ao fim em vista e limitar-se ao indispensável para o alcançar.

PROCESSO DISCIPLINAR EM PORTUGAL

Do Estatuto da Ordem dos Advogados, de Portugal, destacamos os dispositivos referentes ao processo disciplinar naquele país, para conhecimento e eventual aproveitamento por nós brasileiros naquilo que ele apresenta de mais claro.

Há a destacar que não existem, no Estatuto da OAB português, infrações seguidas das sanções, como se pode ver pelo art. 154, que trata da pena a ser aplicada ao arbítrio do julgador.

Art. 144.

Distribuição do processo

1 — Instaurado o processo disciplinar, o presidente do conselho competente procede à respectiva distribuição, sem prejuízo de delegação em qualquer dos seus membros.

2 — Em caso de impedimento permanente do relator ou nos seus impedimentos temporários, procede-se a nova distribuição, sempre que as circunstâncias o justifiquem.

3 — Procede-se ainda a nova distribuição sempre que o presidente do conselho aceite escusa do relator.

4 — Os conselhos podem nomear relatores adjuntos ou cometer a instrução dos processos a advogados inscritos pelo respectivo distrito há mais de cinco anos e sem qualquer punição de caráter disciplinar superior a advertência.

Art. 145.

Apensação de processos

1 — Estando pendentes vários processos disciplinares contra o mesmo arguido, ainda que em conselhos diferentes, são todos apensados ao mais antigo e proferida uma só decisão, exceto se da apensação resultar manifesto inconveniente.

2 — Estando pendentes vários processos disciplinares contra vários arguidos em simultâneo, são extraídas as necessárias certidões, de modo a dar-se cumprimento ao disposto no número anterior.

Art. 146.

Instrução do processo

1 — Compete ao relator regular o andamento da instrução do processo e manter a disciplina nos respectivos atos.

2 — A instrução do processo realiza-se na sede do respectivo conselho, se não houver conveniência em que as diligências se efetuem em local diferente.

3 — Neste caso, as diligências podem ser requisitadas por qualquer meio idôneo de comunicação ao órgão competente, com indicação do prazo para cumprimento e da matéria sobre que devem incidir.

4 — A instrução não pode ultrapassar o prazo de 180 dias, contados a partir da distribuição.

5 — Em casos de excepcional complexidade ou por outros motivos devidamente justificados, pode o relator solicitar ao presidente do conselho a prorrogação do prazo previsto no número anterior, não podendo, no entanto, a prorrogação ultrapassar o limite máximo de mais 180 dias.

6 — Na instrução do processo são admissíveis todos os meios de prova em direito permitidos.

7 — Na fase de instrução, o advogado arguido deve ser sempre ouvido sobre a matéria da participação.

8 — O interessado e o arguido podem requerer ao relator as diligências de prova que considerem necessárias ao apuramento da verdade.

9 — Na fase de instrução, o interessado e o arguido não podem indicar, cada um, mais de três testemunhas por cada fato, com o limite máximo de 10 testemunhas.

10 — Consideram-se não escritos os nomes das testemunhas arroladas que ultrapassem o limite definido no número anterior.

Art. 147.

Termo da instrução

1 — Finda a instrução, o relator ordena a junção do extrato do registo disciplinar do advogado arguido e profere despacho de acusação ou emite parecer fundamentado em que conclua pelo arquivamento do processo.

2 — Não sendo proferido despacho de acusação, o relator apresenta o parecer na primeira sessão do conselho ou da seção, a fim de ser deliberado o arquivamento do processo.

3 — Caso o conselho ou a seção deliberem o seu prosseguimento com a realização de diligências complementares ou a emissão de despacho de acusação, pode ser designado novo relator de entre os membros do conselho ou seção que tenham votado a continuação do processo.

Art. 148.

Despacho de acusação

O despacho de acusação deve revestir a forma articulada e mencionar:

a) A identidade do arguido;

b) Os fatos imputados e as circunstâncias de tempo, modo e lugar em que os mesmos foram praticados;

c) As normas legais e regulamentares infringidas, bem como, se for caso disso, a possibilidade de aplicação da pena de suspensão ou de expulsão; e

d) O prazo para a apresentação da defesa.

Art. 149.

Suspensão preventiva

1 — Juntamente com o despacho de acusação, o relator pode propor que seja aplicada ao advogado arguido a medida de suspensão preventiva quando:

a) Haja fundado receio da prática de novas e graves infrações disciplinares ou de perturbação do decurso do processo;

b) O advogado arguido tenha sido acusado ou pronunciado criminalmente por crime cometido no exercício da profissão ou por crime a que corresponda pena superior a três anos de prisão;

c) Seja desconhecido o paradeiro do advogado arguido.

2 — A suspensão não pode exceder o período de seis meses e deve ser deliberada por maioria de dois terços dos membros do conselho onde o processo correr os seus termos.

3 — O Conselho Superior pode, mediante proposta aprovada por dois terços dos membros do órgão onde o processo correr termos, prorrogar a suspensão por mais seis meses.

4 — O tempo de duração da medida de suspensão preventiva é sempre descontado nas penas de suspensão.

5 — Os processos disciplinares com arguido suspenso preventivamente têm caráter urgente e a sua marcha processual prefere a todos os demais.

Art. 150.

Notificação da acusação

1 — O arguido é notificado da acusação, pessoalmente ou por via postal, com a entrega da respectiva cópia e a informação de que o julgamento é realizado em audiência pública caso o requeira e, independentemente de requerimento, sempre que a infração seja passível de pena de suspensão ou de expulsão.

2 — A notificação por via postal é efetuada através de carta registada com aviso de recepção endereçada para o domicílio profissional ou para a residência do arguido, consoante a sua inscrição esteja ou não em vigor.

3 — Se o arguido estiver ausente do País ou for desconhecida a sua residência é notificado por edital, com o resumo da acusação, a afixar nas instalações do conselho e na porta do seu domicílio profissional ou da última residência conhecida, pelo período de 20 dias.

Art. 151.

Exercício do direito de defesa

1 — O prazo para apresentação da defesa é de 20 dias.

2 — Se o arguido for notificado no estrangeiro ou por edital, o prazo para a apresentação da defesa é fixado pelo relator, não podendo ser inferior a 30 dias nem superior a 60 dias.

3 — O relator pode, em caso de justo impedimento, admitir a defesa apresentada extemporaneamente.

4 — Se o arguido estiver impossibilitado de organizar a sua defesa por motivo de incapacidade devidamente comprovada, o relator nomear-lhe-a imediatamente um curador para esse efeito, preferindo a pessoa a quem competiria a tutela, em caso de interdição nos termos da lei civil.

5 — O curador nomeado nos termos do número anterior pode usar de todos os meios de defesa facultados ao arguido.

6 — O incidente de alienação mental pode ser suscitado pelo relator, pelo arguido ou por qualquer familiar deste.

7 — Durante o prazo para a apresentação da defesa, o processo pode ser consultado na secretaria ou confiado ao arguido ou ao advogado por ele constituído, para exame no seu escritório.

8 — A confiança do processo nos termos do número anterior deve ser procedida de despacho do relator.

9 — Não sendo possível proferir de imediato o despacho referido no número anterior, a secretaria contata o relator pelo meio mais expedito, devendo este, pelo mesmo meio, comunicar a sua decisão, da qual é lavrada cota no processo.

Art. 152.

Apresentação da defesa

1 — A defesa é feita por escrito e apresentada na secretaria do conselho competente, devendo expor clara e concisamente os fatos e as razões que a fundamentam.

2 — Com a defesa, o arguido deve apresentar o rol de testemunhas, podendo indicar três testemunhas por cada fato com o limite máximo de 10 testemunhas, juntar documentos e requerer quaisquer diligências, que podem ser recusadas, quando manifestamente impertinentes, dilatórias ou desnecessárias para o apuramento dos fatos e da responsabilidade do arguido ou quando constituam mera repetição de diligências já realizadas na fase da instrução.

3 — O arguido deve indicar os fatos sobre os quais incide a prova, sendo convidado a fazê-lo, sob pena de indeferimento na falta de indicação.

4 — O relator pode permitir que o número de testemunhas referido nos termos do n. 2 seja acrescido das que considerar necessárias para a descoberta da verdade.

Art. 153.

Realização de novas diligências

1 — Além das requeridas pela defesa, o relator pode ordenar todas as diligências de prova que considere necessárias para o apuramento da verdade.

2 — O disposto no número anterior não deve ultrapassar o prazo de 60 dias, podendo o Conselho prorrogar o prazo por mais 30 dias, ocorrendo motivo justificado, nomeadamente em razão da excepcional complexidade do processo.

Art. 154.

Relatório final

1 — Realizadas as diligências referidas no artigo anterior, o relator elabora, no prazo de 10 dias, um relatório fundamentado, do qual constem os fatos apurados, a sua qualificação e gravidade, a pena que entende dever ser aplicada ou a proposta de arquivamento dos autos.

2 — Seguidamente, no prazo máximo de cinco dias, o processo é entregue no Conselho ou à seção respectivos, para julgamento.

Art. 155.

Julgamento

1 — Não havendo lugar a audiência pública e se todos os membros do Conselho ou da seção se considerarem para tanto habilitados, é votada a deliberação e lavrado e assinado o acórdão.

2 — Se algum ou alguns membros se declararem não habilitados a deliberar, o processo é dado para vista, por cinco dias, a cada membro que a tiver solicitado, findo o que é novamente presente para julgamento.

3 — Os votos de vencido devem ser fundamentados.

4 — Antes do julgamento, o Conselho ou a seção podem ordenar a realização de novas diligências, a cumprir no prazo que para o efeito estabeleça.

5 — Quando for votada na seção pena de suspensão ou de expulsão, o processo é submetido ao Conselho em pleno para deliberação final.

6 — O acórdão final é notificado ao arguido, nos termos do art. 150, ao participante e ao Bastonário.

Art. 156.

Audiência pública

1 — Havendo lugar a audiência pública, é a mesma realizada no prazo de 30 dias e nela devem participar, pelo menos, quatro quintos dos membros do conselho.

2 — A audiência pública é presidida pelo presidente do conselho respectivo ou pelo seu legal substituto e nela podem intervir o participante que seja direto titular do interesse ofendido pelos fatos participados, o arguido e os mandatários que hajam constituído.

3 — A audiência pública só pode ser adiada uma vez por falta do arguido ou do seu defensor.

4 — Faltando o arguido, e não podendo ser adiada a audiência, o processo é decidido nos termos do artigo anterior.

5 — Aberta a audiência, o relator lê o relatório a que se refere o art. 154, procedendo-se de seguida à produção de prova complementar requerida pelo participante ou pelo arguido e que deve ser imediatamente oferecida, podendo ser arroladas até cinco testemunhas.

6 — Finda a produção de prova, é dada a palavra ao participante e ao arguido ou aos respectivos mandatários para alegações orais, por período não superior a 30 minutos.

7 — Caso o considere conveniente, o conselho pode determinar a realização de novas diligências.

8 — Encerrada a audiência, o conselho reúne de imediato para deliberar, lavrando acórdão, que deve ser notificado nos termos do n. 6 do artigo anterior.

CAPÍTULO V
RECURSOS ORDINÁRIOS

Art. 157.

Deliberações recorríveis

1 — Das deliberações dos conselhos de deontologia ou suas secções cabe recurso para o Conselho Superior.

2 — Das deliberações das seções do Conselho Superior, nos termos da alínea *d* do n. 3 do art. 43, cabe recurso para o plenário do mesmo órgão.

3 — Não são susceptíveis de recurso as deliberações do plenário do Conselho Superior, sem prejuízo do disposto no n. 3 do art. 6º.

4 — Não admitem recurso em qualquer instância as decisões de mero expediente ou de disciplina dos trabalhos.

Art. 158.

Legitimidade para a interposição do recurso

1 — Têm legitimidade para interpor recurso o arguido, os interessados e o Bastonário.

2 — Não é permitida a renúncia ao recurso antes do conhecimento da deliberação final.

Art. 159.

Subida e efeitos do recurso

1 — Os recursos interpostos de despachos ou acórdãos interlocutórios sobem com o da decisão final.

2 — Têm efeito suspensivo os recursos interpostos pelo Bastonário e o das decisões finais.

Art. 160.

Interposição e notificação do recurso

1 — O prazo para a interposição dos recursos é de 15 dias a contar da notificação da deliberação final, ou de 30 dias a contar da afixação do edital.

2 — O requerimento de interposição do recurso é sempre motivado, sob pena de não admissão do mesmo, sendo, para tanto, facultada a consulta do processo.

3 — Com a motivação, que deve enunciar especificamente os fundamentos do recurso e terminar com a formulação de conclusões, pode o recorrente requerer a junção dos documentos que entenda convenientes, desde que os mesmos não pudessem ter sido apresentados até à decisão final objeto do recurso.

4 — O Bastonário pode recorrer mediante simples despacho, com mera indicação do sentido da sua discordância, não sendo aplicável o disposto nos ns. 2 e 3.

5 — O recurso não é admitido quando a decisão for irrecorrível, quando for interposto fora de tempo, quando o recorrente não tiver as condições necessárias para recorrer ou por falta da motivação quando exigível.

6 — Admitido o recurso que subir imediatamente, é notificado o recorrido para responder no prazo de 15 dias, sendo-lhe facultada a *consulta* do processo. (grifo nosso)

7 — Junta a resposta do recorrido, deve a mesma ser notificada ao recorrente quando este não seja o Bastonário, e os autos remetidos ao órgão competente para julgamento do recurso.

Art. 161.

Baixa do processo ao conselho de deontologia

Julgado definitivamente qualquer recurso, o processo baixa ao conselho de deontologia respectivo.

CAPÍTULO VI
RECURSO DE REVISÃO

Art. 162.

Fundamentos e admissibilidade da revisão

1 — É admissível a revisão de decisão definitiva proferida pelos órgãos da Ordem dos Advogados com competência disciplinar sempre que:

a) Uma decisão judicial transitada em julgado declarar *falsos* quaisquer elementos ou meios de prova que tenham sido determinantes para a decisão revidenda; (grifo nosso)

b) Uma decisão judicial transitada em julgado tiver dado como provado crime cometido por membro ou membros do órgão que proferiu a decisão revidenda e relacionado com o exercício das suas funções no processo;

c) Os fatos que serviram de fundamento à decisão condenatória forem inconciliáveis com os dados como provados noutra decisão definitiva e da oposição resultarem graves dúvidas sobre a justiça da condenação;

d) Se tenham descoberto novos fatos ou meios de prova que, por si ou combinados com os que foram apreciados no processo, suscitem graves dúvidas sobre a justiça da decisão condenatória proferida.

2 — Com fundamento na antecedente alínea d) não é admissível revisão com o único fim de corrigir a medida concreta da sanção aplicada.

3 — A simples alegação de ilegalidade, formal ou substancial, do processo e decisão disciplinares não constitui fundamento para a revisão.

4 — A revisão é admissível ainda que o procedimento se encontre extinto ou a pena prescrita ou cumprida.

Art. 163.

Legitimidade

1 — Têm legitimidade para requerer a revisão:

   a) O participante, relativamente a decisões de arquivamento do processo disciplinar;

   b) O advogado condenado ou seu defensor, relativamente a decisões condenatórias.

2 — Têm ainda legitimidade para requerer a revisão e para a prosseguir nos casos em que o advogado condenado tiver falecido o cônjuge, os descendentes, adaptados, ascendentes, adoptantes, parentes ou afins até ao 4.0 grau da linha colateral, os herdeiros que mostrem um interesse legítimo, os advogados com quem o condenado mantinha sociedade ou partilhava escritório ou quem do condenado tiver recebido incumbência expressa.

3 — O Bastonário pode também apresentar proposta de revisão de decisões definitivas condenatórias ou de arquivamento.

Art. 164.

Formulação do pedido ou proposta de revisão

1 — O requerimento ou proposta de revisão é apresentado ao órgão com competência disciplinar que proferiu a decisão a rever.

2 — O requerimento ou proposta de revisão é sempre motivado e contém a indicação dos meios de prova.

3 — Devem ser juntos ao requerimento ou proposta de revisão os documentos necessários à instrução do pedido.

Art. 165.

Tramitação do pedido ou proposta de revisão

1 — A revisão é processada por apenso aos autos em que foi proferida a decisão a rever.

2 — A parte ou partes contra quem é pedida ou proposta a revisão são notificadas para, no prazo de 15 dias, apresentarem a sua resposta e indicarem os seus meios de prova.

3 — Se o fundamento da revisão for o previsto no n. 1 do art. 164, o relator a quem o processo for distribuído procede às diligências que considere indispensáveis para a descoberta da verdade, mandando documentar, por redução a escrito ou por qualquer meio de reprodução integral, as declarações prestadas.

4 — O requerente não pode indicar testemunhas que não tiverem sido ouvidas no processo, a não ser justificando que ignorava a sua existência ao tempo da decisão ou que estiveram impossibilitadas de depor.

Art. 166.

Julgamento

1 — Uma vez expirado o prazo de resposta ou realizadas as diligências requeridas, quando a elas houver lugar, o relator elabora, no prazo de 10 dias, parecer fundamentado sobre o mérito do pedido ou da proposta de revisão e, no prazo máximo de cinco dias, entrega o processo ao Conselho ou à seção respectivos, para deliberação.

2 — Se a decisão a rever tiver sido proferida pelo Conselho Superior, o julgamento tem lugar em plenário após a entrega do processo com parecer fundamentado, nos termos do número que antecede.

3 — Se a decisão a rever tiver sido proferida por um conselho de deontologia, o processo é em seguida remetido ao Conselho Superior, para julgamento em plenário.

4 — A concessão da revisão tem de ser votada por maioria de dois terços dos membros do conselho e da respectiva deliberação cabe apenas recurso contencioso.

5 — A revisão apenas pode conduzir à manutenção, à alteração ou à revogação da deliberação proferida no processo revisto, mas nunca pode agravar a pena aplicada.

6 — A pendência de recurso contencioso incidente sobre a pena proferida em processo disciplinar não prejudica a revisão deste.

Art. 167.

Baixa do processo, averbamentos e publicidade

1 — Depois de julgado o pedido ou a proposta de revisão, o processo baixa, se for caso disso, ao conselho de deontologia respectivo, que o instrui e julga de novo, se a revisão tiver sido admitida.

2 — No caso de absolvição, são cancelados os averbamentos das decisões condenatórias.

3 — Ao acórdão proferido em julgamento na sequência da revisão, é dada a publicidade devida, nos termos do art. 137.

CAPÍTULO VII
EXECUÇÃO DE PENAS

Art. 168.

Início de produção de efeitos das penas

1 — As penas disciplinares, bem como as determinações constantes dos ns. 3 e 4 do art. 125, iniciam a produção dos seus efeitos no dia seguinte àquele em que a decisão se torne definitiva.

2 — A execução da pena não pode começar ou continuar em caso de cancelamento da inscrição.

3 — Se na data em que a decisão se torna definitiva estiver suspensa a inscrição do arguido por motivos não disciplinares, o cumprimento da pena disciplinar de suspensão tem início no dia imediato ao levantamento da suspensão.

LITIGÂNCIA DE MÁ-FÉ

O Código de Processo Civil, nos arts. 14 a 18, trata da litigância de má-fé (Capítulo II, dedicado aos deveres das partes e dos seus procuradores), a saber:

Art. 14. São deveres das partes e de todos aqueles que de qualquer forma participem do processo:

1 — expor os fatos em juízo conforme a verdade;

2 — proceder com lealdade e boa-fé;

3 — não formular pretensões, nem alegar defesa, cientes de que são destituídas de fundamento;

4 — não produzir provas, nem praticar atos inúteis ou desnecessários à declaração ou defesa do direito;

5 — cumprir com exatidão os provimentos mandamentais e não criar embaraços à efetivação de provimentos judiciais, de natureza antecipatória ou final.

Parágrafo único. Ressalvados os advogados que se sujeitem exclusivamente aos estatutos da OAB, a violação do inciso V deste artigo constitui ato atentatório ao exercício da jurisdição, podendo o juiz, sem prejuízo das sanções criminais, civis e processuais cabíveis, aplicar ao responsável multa em montante a ser fixado de acordo com a gravidade da conduta e não superior a 20% do valor da causa, não sendo paga no prazo estabelecido, contando do trânsito em julgado da decisão final da causa, e será inscrita sempre como dívida ativa da União ou do Estado.

Art. 15. É defesa às partes e seus advogados empregar expressões injuriosas nos escritos apresentados no processo, cabendo ao juiz de ofício ou a requerimento do ofendido, mandar riscá-las.

Art. 16. Responde por perdas e danos aquele que praticar ato de má-fé, como autor, réu ou interveniente.

Art. 17. Reputa-se litigante de má-fé aquele que:

1 — deduzir pretensão ou defesa, cuja falta de fundamento não possa razoavelmente desconhecer;

2 — alterar a verdade dos fatos;

3 — usar do processo para conseguir objetivo ilegal;

4 — opuser resistência injustificada ao andamento do processo;

5 — proceder de modo temerário, em qualquer incidente ou ato do processo;

6 — provocar incidentes manifestamente infundados;

7 — interpuser recurso com intuito manifestamente protelatório.

LITIGAR é o ato de deduzir pretensão ou defesa em juízo, ato esse que, se for praticado com a intenção de prejudicar a parte contrária, será considerado de má-fé.

O art. 14 do CPC dá-nos várias hipóteses em que pode ocorrer a litigância de má-fé, dentro do capítulo que trata dos Deveres das Partes e dos seus procuradores. Daí por que os advogados, na condição de procuradores, podem ser chamados a responder, solidariamente com seus clientes, sob deveres éticos não observados, como, por exemplo, o de não produzir provas ou de praticar atos inúteis ou desnecessários à declaração ou à defesa do direito.

Esse artigo, no seu parágrafo único, ressalva os advogados por se sujeitarem exclusivamente aos estatutos da OAB, dispondo que a violação do inciso V deste artigo constitui ato atentatório ao exercício da jurisdição. Lamentavelmente, não podemos concordar com a exclusão dos advogados de atos atentatórios à jurisdição, só porque se sujeitam ao Estatuto da OAB. O equívoco, no caso, é de se entender que o advogado é um privilegiado, que por ter um estatuto a comandar seus passos ficaria imune a outros tipos de atitudes inconvenientes ou condenáveis quanto ao cumprimento de provimentos mandamentais ou de criar embaraços à efetivação de provimentos judiciais.

Já o art. 17 do CPC enumera as hipóteses em que ocorre a litigância de má-fé, hipóteses essas que constituem comportamentos antiéticos, como, por exemplo, alterar a verdade dos fatos, usar do processo para conseguir objetivo ilegal, opor resistência injustificada ao andamento do processo, etc.

Lançou-se dúvida sobre a possibilidade de litigância de má-fé na Justiça do Trabalho, visto que, como entende Manoel Antonio Teixeira Filho, "a figura civilista da litigância de má-fé é incompatível com o processo do trabalho", em *Alterações no CPC e suas repercussões no processo do trabalho*. São Paulo: LTr, 1996. p. 21.

Outras decisões do Judiciário Trabalhista são no mesmo sentido, ou seja, da incompatibilidade da litigância de má-fé com as normas de direito processual do trabalho, mormente porque por estas normas a própria parte tem o direito de postulação (TRT, 5ª Região, 3ª T., *LTr* 61/04/545).

O jurista Wagner D. Giglio tem entendimento contrário (*Direito processual do trabalho*. 12. ed. São Paulo: Saraiva, 2002. p. 141/2), como se a falta de conhecimentos técnicos e a ignorância pudessem justificar desvios de conduta do trabalhador que comparece a juízo desacompanhado de advogado, no exercício do *jus postulandi*, e que altera a verdade dos fatos.

Em se tratando de trabalho sobre a ética profissional da advocacia, ocupar-nos-emos da responsabilidade pessoal do advogado, louvando-nos no que escreveu com esse título, o jurista Reginald Felker, na sua excelente obra sobre a "Litigância de má-fé e conduta processual inconveniente" (LTr, 2007. p. 153/166).

A abordagem principal sobre esse tema é a que se refere ao parágrafo único do art. 32 do Estatuto, sendo incabível a condenação solidária do advogado nos próprios autos em que é constatada a litigância de má-fé da parte por ele assistida.

A condenação solidária, se ocorrer, terá que ser processada em ação própria, como se infere do disposto no art. 32 e seu parágrafo único, a salvar:

> O advogado é responsável pelos atos que, no exercício profissional, praticarem dolo ou culpa.

Parágrafo único. Em caso de lide temerária, o advogado será solidariamente responsável com seu cliente, desde que coligado com este para lesar a parte contrária, o que será apurado em ação própria.

Lide temerária é a que se intenta sem fundamento; que é arriscada, arrojada, atrevida, precipitada. Em tais casos, pode o cliente ser condenado à pena da litigância de má-fé (multa de 1% sobre o valor da causa e indenização à parte contrária dos prejuízos que sofreu, mais os honorários advocatícios e todas as despesas que efetuou, conforme art. 18, do CPC).

O TRT/2ª Região, em data recente, assim julgou, como segue:

JURISPRUDÊNCIA:

Condenação do advogado solidariamente. Possibilidade. Estando o art. 14, do CPC inserido no Capítulo II daquele Código de Processo Civil, na parte atinente aos deveres das partes e de seus procuradores, ali descrevendo como primordiais obrigações tanto do litigante, quanto do causídico, a de "expor os fatos em juízo conforme a verdade" e de "proceder com lealdade e boa-fé", não há se invocar a previsão do seu parágrafo único para excepcionar o advogado de penalização nos próprios autos, sob argumentação de que tão somente estaria sujeito aos estatutos da OAB, pois, conforme se lê expressamente do referido parágrafo único, sua ressalva diz respeito unicamente à previsão do inciso V do art. 14, não estando, por isso, excetuadas as demais hipóteses, notadamente aos dos incisos I e II. Aliás, ainda que assim não fosse, O Estatuto da OAB, Lei n. 8.906/94, em seu art. 31, impõe ao advogado o dever de proceder de forma que o torne merecedor de respeito, prestigiando a advocacia, e o art. 32 do mesmo diploma legal que destaca sua responsabilidade pelos atos que pratique no exercício de sua profissão com dolo ou culpa, permitem que a penalização em face das transgressões, na forma do art. 17 do CPC, possa ser imposta na própria lide em que tal ocorra, exceção feita unicamente aos casos de lide temerária, ou seja, exige propositura de ação específica apenas para os casos de incursão no inciso V, do referido dispositivo legal". TRT 2ª Reg. RO 01108200506102001 — Ac. 10ª T. — 20091015582 — Rela. Sônia Aparecida Gindro — Doe/TRT 2ª Reg. 1º.12.09, p. 21.

Quanto à responsabilidade do advogado, em caso de litigância de má-fé, é de se entender que ela não se apresenta sempre como solidária, conforme visto nas hipóteses de lide temerária, devendo, por vezes, ser a responsabilidade única e exclusivamente dele.

Suponha-se um processo em que o advogado faça razões recursais, como tarefa sua, e que ao fazê-las procura alterar a prova dos autos para favorecer seu cliente.

Essa litigância de má-fé é ato exclusivo do advogado e, neste caso, não há falar-se em solidariedade porque quem correu o risco do ato antiético foi somente o advogado, valendo-se de conhecimento técnico, não atribuíveis ao seu cliente.

De qualquer modo, a ação contra o advogado há de ser em ação própria, dando-se a ele o direito à ampla defesa.

Do exposto verifica-se que a litigância de má-fé traz em si mesma deveres das partes e de seus procuradores, que envolvem comportamentos éticos igualmente puníveis pelos tribunais de ética e disciplina como infrações, embora não estejam previstos no Estatuto e no Código de Ética e Disciplina de forma expressa.

Bibliografia

BARONI, Robison. *Cartilha de ética profissional do advogado*. 4. ed. São Paulo: LTr, 2001.

_____ . (org.). *Julgados do tribunal de ética profissional*. São Paulo: OAB-SP, 2003. v. VII.

_____ . (org.).*Julgados do tribunal de ética profissional*. São Paulo: OAB-SP, 2003. v. VIII.

BIBLIOTECA BÁSICA. *Direitos e obrigações do advogado*. São Paulo: LTr, 1998.

ESTATUTO *da Ordem dos Advogados de Portugal*. 5. ed. Coimbra: Almedina, 2009.

FELKER, Reginald. *Litigância de má-fé e conduta processual inconveniente*. São Paulo: LTr, 2007.

GIGLIO, Wagner D. *Direito processual do trabalho*. 12. ed. São Paulo: Saraiva, 2002.

GOMA, Ricardo Rodrigues. *Estatuto da advocacia e código de ética da OAB* — comentado. Campinas: Russel, 2009.

LEITE, Fabio Kalil Vilela. *Ética aplicada à advocacia*. Aparecida: Santuário.

OAB. *Jurisprudência do Tribunal de Ética da OAB-SP.* Disponível em: <www2.oabsp.org.br/asp/tribunal_etica/ted2.8.4.asp>

SODRÉ, Ruy de Azevedo. *Ética profissional e estatuto do advogado*. São Paulo: LTr, 1975.

TEIXEIRA FILHO, Manoel Antonio. *Alterações no CPC e suas repercussões no processo do trabalho*. São Paulo: LTr, 1996.

ANEXOS

REGIMENTO INTERNO DO TRIBUNAL DE ÉTICA E DISCIPLINA DA OAB/SP — TED-I — TURMA DE ÉTICA PROFISSIONAL

TÍTULO I
PRIMEIRA TURMA DE DEONTOLOGIA

CAPÍTULO I
DA COMPOSIÇÃO E ORGANIZAÇÃO

Art. 1º A Primeira Turma de Deontologia — TED-I, também denominada Turma de Ética Profissional, compõe-se de 15 (quinze) membros titulares e 5 (cinco) membros suplentes, escolhidos pelo Conselho Seccional entre advogados de ilibada reputação e reconhecido saber jurídico, com mais de 10 (dez) anos de inscrição e efetivo exercício profissional.

§ 1º O membro temporariamente impedido, ou que, sem justificativa, deixar de comparecer a 3 (três) sessões, consecutivas ou não, poderá ser substituído, provisoriamente, por suplente indicado pelo Vice-Presidente, gozando o Secretário da Turma de Ética Profissional de preferência nessa substituição. Em qualquer caso o membro substituto deverá satisfazer os requisitos do *caput*, cessando a substituição tão logo o membro impedido ou ausente comunique seu retorno às sessões.

§ 2º Os suplentes poderão exercer a função de mediadores e conciliadores entre advogados, nos termos do art. 3º, alínea *e*, deste Regimento.

Art. 2º A Primeira Turma de Deontologia será presidida pelo 1º Vice-Presidente do Tribunal de Ética e Disciplina, que indicará advogado para secretariar.

CAPÍTULO II
DA COMPETÊNCIA E ATRIBUIÇÕES

Art. 3º A Primeira Turma de Deontologia responderá às consultas em tese que lhe forem formuladas, visando a orientar e aconselhar os inscritos na Ordem, admitidas as exceções previstas, em face de dúvidas a respeito da conduta ética relativamente ao exercício da advocacia, e propugna o fiel cumprimento e observância do Estatuto, do Código de Ética e Disciplina, Provimentos, Resoluções, cabendo-lhe, ainda:

a. responder a consultas do Conselho Seccional e dos Presidentes de Subsecções, em matéria de deontologia profissional;

b. instaurar processo, de ofício, sobre ato, fato ou tema passível de infringência a princípio ou a norma de ética profissional;

c. tomar assento sobre pontos em que houver proferido decisões, remetendo cópias ao Conselho;

d. expedir provisões sobre o modo de proceder em casos não previstos nos regulamentos e costumes do foro, a contribuir para o prestígio da classe e para a preservação da independência no exercício profissional;

e. conciliar as divergências havidas entre advogados e/ou estagiários e controvérsias surgidas quando da dissolução de sociedade de advogados, quando versarem sobre:

    I — ética profissional;

    II — dúvidas e pendências concernentes à partilha de honorários de sucumbência ou contratados, em conjunto, mediante subestabelecimento ou por sucessão na causa;

f. divulgar a ética, organizar, promover, apoiar e participar de cursos, palestras, seminários, debates e conferências a respeito de ética profissional, inclusive junto às Faculdades de Direito e respectivos cursos de estágio, visando à formação da consciência dos futuros profissionais para os problemas fundamentais da ciência;

g. representar ao presidente do Tribunal de Ética e Disciplina a instauração de procedimento disciplinar;

h. apreciar os casos omissos na Tabela de Honorários e, conforme o caso, expedir instruções normativas ou simplesmente esclarecedoras;

i. publicar regularmente seu ementário de decisões bem como a totalidade de seus julgados;

j. através de seus membros, elaborar periodicamente artigos sobre ética profissional e difundi-los nos meios de comunicação;

k. prover a substituição, na Tabela de Honorários, de índices de atualização monetária e/ou de outros parâmetros extintos ou que se tornarem vedados por lei, sugerindo ao Conselho, se for o caso, a alteração da Tabela de Honorários da Seccional;

l. remeter cópia de seu ementário às demais Seções Disciplinares.

Art. 4º A omissão eventual de definição ou de orientação no Código de Ética e Disciplina sobre questão deontológica aplicável ao exercício da advocacia, ou que dele advenha, será suprida mediante consulta à Turma de Ética Profissional, ou por manifestação desta, em procedimento *ex officio*.

CAPÍTULO III
DAS SESSÕES

Art. 5º A Primeira Turma de Deontologia reunir-se-á mensalmente, em dia e hora designados pelo Vice-Presidente, entrando em recesso no mês de janeiro, salvo convocação extraordinária.

Art. 6º As sessões serão instaladas com a presença de 1/3 (um terço) de seus membros, tomando-se as deliberações por maioria dos presentes, observada a Ordem do Dia organizada pelo Vice-Presidente.

Art. 7º O julgamento dos processos obedecerá à seguinte ordem:

    I — leitura do relatório, voto e proposta de ementa;

    II — manifestação do revisor;

    III — esclarecimentos orais pelo interessado, por 5 (cinco) minutos, prorrogáveis até 10 (dez) minutos, a juízo do Vice-Presidente;

    IV — discussão da matéria;

    V — votação da matéria, vedadas questões de ordem ou justificativa oral de voto;

    VI — proclamação do resultado.

§ 1º Durante o julgamento, o Relator e o Revisor terão preferência na manifestação.

§ 2º Os pareceres do Relator e/ou do Revisor, nas suas ausências, poderão ser apresentados por outros membros, por indicação do Vice-Presidente.

§ 3º Ausente o Revisor, sem ter apresentado parecer e/ou voto, o Vice-Presidente indicará substituto.

§ 4º Vencido o Relator, o autor do voto vencedor lavrará o Acórdão e a ementa.

Art. 8º Qualquer membro da Seção poderá pedir vista do processo, apresentando seu parecer e voto na sessão seguinte.

§ 1º Sendo urgente a matéria, o direito à vista do processo será exercido durante a mesma sessão.

§ 2º Sendo vários os pedidos, o prazo será compartilhado entre os interessados, retornando o processo à pauta de julgamento na sessão seguinte, ainda que ausentes o Relator, o Revisor e os requerentes da vista.

Art. 9º A decisão e ementa integrarão o Acórdão, assinado pelo Vice-Presidente e Relator, ou pelo que prolatou o voto vencedor.

Art. 10. Os interessados não serão notificados da data do julgamento, a não ser quando necessários esclarecimentos orais, nos termos do art. 7º, III, deste Regimento, devendo a intimação ocorrer conforme previsto no Regimento Interno da Seccional-SP.

CAPÍTULO IV
DA TRAMITAÇÃO PROCESSUAL

Art. 11. Os procedimentos dirigidos à Turma de Ética Profissional serão autuados e registrados em livro próprio.

Art. 12. Autuados os processos, o Vice-Presidente imediatamente sorteará ou indicará o Relator e, na sessão de julgamento, indicará o Revisor.

Art. 13. O Relator poderá converter o julgamento em diligência para qualquer esclarecimento, escrito ou oral, competindo à secretaria o seu cumprimento.

Art. 14. Qualquer membro poderá fazer juntar aos autos votos por escrito, antes da comunicação da decisão ao consulente ou interessado.

Art. 15. O Acórdão contendo decisão e ementa será remetido aos interessados, por via postal ou entrega pessoal, com cópia ao Presidente do Tribunal de Ética e Disciplina.

Art. 16. O processo tramitará em sigilo, somente dele podendo ter vista, em Secretaria, as partes, seus procuradores, os membros da Turma e do Conselho Seccional, bem como a autoridade judiciária competente.

Parágrafo único. As sessões de julgamento são franqueadas às partes, advogados, professores e estagiários de direito, salvo determinação em contrário do Vice-Presidente, omitindo-se nos debates a identificação dos interessados no processo.

CAPÍTULO V
DOS RECURSOS

Art. 17. Aos interessados será facultado interpor embargos de declaração contra Acórdão, no prazo de 15 (quinze) dias, contado do recebimento da comunicação do resultado do julgamento.

Art. 18. Das decisões não unânimes caberá pedido de revisão ao Plenário da Seção, no prazo de 15 (quinze) dias, exigindo-se *quorum* de deliberação não inferior à maioria dos membros da Seção Deontológica.

Art. 19. Compete ao Vice-Presidente:

a. convocar e presidir às sessões;

b. sortear e/ou indicar Relatores, Revisores e Conciliadores, estes, nas hipóteses da letra *e* do art. 3º;

c. representar a Seção nas suas relações com o Presidente do Tribunal de Ética e Disciplina, com o Conselho Seccional e com a comunidade jurídica;

d. oficiar nos conflitos de atribuições entre os demais órgãos da Seccional;

e. proferir voto de desempate nos julgamentos e deliberações;

f. determinar a abertura de processos *ex officio*, sempre que tenha conhecimento de transgressão das normas do Código de Ética e Disciplina, do Estatuto, Regulamento Geral, Regimentos, Provimentos e Resoluções, chamando a atenção do responsável para o dispositivo violado;

g. designar comissões e conferencistas para divulgação de seus trabalhos.

Parágrafo único. Em suas faltas e impedimentos, o Vice-Presidente será substituído pelo membro mais antigo da Turma de Ética Profissional e, em sua falta, pelo membro de inscrição mais antiga na Seccional.

CAPÍTULO VI
DO SECRETÁRIO

Art. 20. Compete ao Secretário:

a. zelar para que os expedientes nos processos sejam cumpridos no prazo de 5 (cinco) dias, ou em outro prazo que tiver sido estabelecido por quem de direito;

b. certificar, no processo, a data da sua remessa aos membros da Seção, e a data da respectiva devolução;

c. informar, mensalmente, ao Vice-Presidente, o movimento de processos enviados a outros órgãos e não devolvidos no período;

d. providenciar para que haja sigilo nos trabalhos da Seção, especialmente no que diz respeito aos processos;

e. organizar e dirigir os serviços da Secretaria e manter, sob sua direta fiscalização, os arquivos e funcionários;

f. comparecer às sessões, auxiliando na organização da pauta e procedendo à leitura para discussão e aprovação das atas que lavrar;

g. redigir as comunicações e correspondências da Seção e da Vice-Presidência;

h. colaborar com os Relatores, Revisores, Conciliadores, Conferencistas e demais membros;

i. substituir qualquer membro ausente para composição do *quorum* nas sessões;

j. promover a divulgação dos julgados e ementas pelos meios de comunicação disponíveis.

CAPÍTULO VII
DAS DISPOSIÇÕES GERAIS

Art. 21. Os casos omissos serão solucionados com observância do estatuído no Regimento Interno do Tribunal de Ética e Disciplina e no Regimento Interno do Conselho Seccional, aplicando-se os princípios gerais de direito, notadamente os inseridos no Código de Ética e Disciplina.

Art. 22. A Primeira Turma de Deontologia instará o Conselho Seccional, quando da sua composição, para que nela sejam reconduzidos, no mínimo, três quintos (3/5) dos seus membros, com objetivo de preservar a orientação interpretativa dos seus julgados e para que os novos integrantes possam usufruir da experiência acumulada pelos membros remanescentes.

Art. 23. Este Regimento poderá ser modificado por decisão da maioria absoluta dos membros da Primeira Turma de Deontologia, em sessão especialmente convocada, com ciência e ratificação do Conselho Seccional.

Art. 24. Este Regimento entrará em vigor na data da sua aprovação pelo Conselho Seccional e integrará o texto do futuro Regimento do Tribunal de Ética e Disciplina.

Art. 25. Fica revogado o Regimento Interno anterior, datado de 26 de março de 1985.

São Paulo, 18 de setembro de 1997.

Robison Baroni
Presidente do TED-I

Comissão Redatora e Revisora: José Urbano Prates, Elias Farah, Geraldo Guimarães da Silva.

MEMBROS: Antônio Lopes Muniz, Aparecida Rinaldi Guastelli, Benedito Édison Trama, Carlos Aurélio Mota de Souza, Daniel Schwenck, Elias Farah, Geraldo José Guimarães da Silva, José Carlos Magalhães Teixeira, José Urbano Prates, Júlio Cardella, Maria Cristina Zucchi, Rubens Cury.

Texto aprovado pelo Conselho Seccional na reunião do dia 12 de abril de 1999.

REGIMENTO INTERNO DO CONSELHO SECCIONAL DA OAB/SP

TÍTULO I
DA SECCIONAL

CAPÍTULO I
DOS FINS, ORGANIZAÇÃO E PATRIMÔNIO

SEÇÃO I

Art. 1º O Conselho Seccional de São Paulo da OAB — Ordem dos Advogados do Brasil exercerá, no Estado de São Paulo, funções e atribuições da Ordem dos Advogados do Brasil, com ressalva daquelas às quais a lei atribua competência exclusiva ao Conselho Federal.

Parágrafo único. O Conselho Seccional de São Paulo da Ordem dos Advogados do Brasil terá sede na capital do Estado e representará, em juízo e fora dele, os interesses gerais dos advogados e estagiários nele inscritos, bem como os individuais relacionados ao exercício da profissão.

Art. 2º Serão órgãos da Seccional:

a) o Conselho Seccional;

b) a Presidência do Conselho;

c) a Diretoria do Conselho;

d) as Comissões Permanentes;

e) as Subsecções;

f) as Diretorias das Subsecções;

g) o Colégio de Presidentes das Subsecções;

h) o Tribunal de Ética;

i) a Caixa de Assistência dos Advogados;

j) a Escola Superior de Advocacia.

TÍTULO III
DO CONSELHO SECCIONAL

CAPÍTULO I
DA CONSTITUIÇÃO E ATRIBUIÇÕES DO CONSELHO SECCIONAL

Art. 15. O Conselho Seccional compor-se-á de Conselheiros eleitos, incluindo os membros da Diretoria, proporcionalmente ao número de advogados inscritos, observados os critérios consignados no Regulamento Geral.

§ 1º Serão membros natos do Conselho Seccional os ex-Presidentes da Seção, com voz, sendo que os ex-presidentes empossados antes de 5 de julho de l994 terão direito a voz e voto.

§ 2º Os membros do Conselho se obrigarão, no ato da posse, por compromisso formal, constante do termo, a bem cumprir os deveres do cargo, na forma da lei.

Art. 16. Extingue-se o mandato antes de seu término quando:

a) licenciado o profissional ou cancelada sua inscrição;

b) o titular sofrer condenação disciplinar irrecorrível;

c) o titular faltar, sem motivo justificado, a três sessões ordinárias consecutivas;

d) ocorrer renúncia ao mandato.

§ 1º Nas hipóteses das letras *a, b* e *c* deste artigo, cumpre à Diretoria promover levantamento da situação de fato, ouvir previamente o interessado e fazer a comunicação ao Conselho.

§ 2º No caso da letra *d*, a Diretoria dará conhecimento da renúncia ao Conselho, para conhecimento da decisão do renunciante.

Art. 17. Nos casos de licença ou vaga de Conselheiro, suplente será chamado para Seccional.

Parágrafo único. Não havendo suplente ou em seu impedimento, o Conselho Seccional elegerá o substituto para servir durante a licença ou completar o mandato.

Art. 18. Competirá ao Conselho Seccional:

III — promover a representação, a defesa, a seleção e a disciplina dos advogados;

IV — promover medidas de defesa da classe;

V — velar pela dignidade, independência, prerrogativas e valorização da advocacia;

VI — editar seu Regimento Interno e Resoluções;

VII — criar e manter as Subseções e a Caixa de Assistência dos Advogados e nelas intervir nas hipóteses do art. 105, III, do Regulamento Geral, mediante o voto de 2/3 de seus membros;

VIII — fiscalizar a aplicação da receita, apreciar o relatório anual e deliberar sobre o balanço e as contas de sua Diretoria, das Diretorias das Subseções e da Caixa de Assistência dos Advogados;

IX — expedir instruções para a boa execução dos serviços e resoluções da Seção e das Subseções;

X — fixar a tabela de honorários, válida para o território estadual;

XI — eleger substitutos de diretores que se licenciarem ou que comunicarem sua renúncia;

XII — realizar o Exame de Ordem;

XIII — decidir sobre os pedidos de inscrições nos quadros de estagiários e advogados;

XIV — manter e atualizar o cadastro de seus inscritos;

XV — fixar, alterar e receber contribuições obrigatórias, taxas, preços de serviços e multas;

XVI — participar da elaboração dos concursos públicos, em todas as suas fases, nos casos previstos na Constituição e nas leis, na área de seu território;

XVII — aprovar ou modificar seu orçamento anual;

XVIII — definir a composição e o funcionamento do Tribunal de Ética e Disciplina e escolher seus membros;

XIX — eleger as listas constitucionalmente previstas para o preenchimento dos cargos dos tribunais judiciários, no setor de sua competência e na forma do Provimento do Conselho Federal, vedada a inclusão de membros do próprio Conselho e de qualquer órgão da OAB;

XX — criar Conselhos Subsecionais em Subseções e fixar o número de seus membros em Subseções que, de forma individual ou agrupada, congreguem advogados nelas profissionalmente domiciliados;

XXI — julgar processo que implique a pena de exclusão;

XXII — conhecer e decidir, originariamente, sobre matéria de sua competência, não compreendida na das Câmaras ou Grupos de Câmaras;

XXIII — julgar, em grau de recurso, os conflitos de competência que surgirem entre Subseções;

XXIV — apreciar e decidir casos de desagravo;

XXV — autorizar a aquisição e a alienação de bens móveis e imóveis, assim como a aplicação de disponibilidades;

XXVI — desempenhar outras atribuições previstas no Regulamento Geral;

XXVII — resolver os casos omissos.

CAPÍTULO III
DAS CÂMARAS

Art. 25. O Conselho Seccional se divide em 10 (dez) Câmaras, denominadas Primeira, Segunda, Terceira, Quarta, Quinta, Sexta, Sétima, Oitava, Nona e Décima Câmara.

Parágrafo único. As Primeira e Segunda Câmaras formam o Primeiro Grupo de Câmaras; as Terceira e a Quarta Câmaras formam o Segundo Grupo de Câmaras; as Quinta e Sexta Câmaras formam o Terceiro Grupo de Câmaras; as Sétima e Oitava Câmaras formam o Quarto Grupo de Câmaras e as Nona e Décima Câmaras formam o Quinto Grupo de Câmaras.

Art. 26. Competirá à Primeira e à Segunda Câmaras, conhecer, discutir, deliberar e decidir processos, em grau de recurso, relativos a decisões da:

a) Presidência;

b) Diretorias da Seção e Subseções;

c) Diretoria da Caixa de Assistência dos Advogados;

d) Comissão de Direitos e Prerrogativas;

e) Comissão de Seleção.

Art. 27. Compete às Terceira, Quarta, Quinta, Sexta, Sétima, Oitava, Nona e Décima Câmaras conhecer, discutir, deliberar e decidir processos, em grau de recurso, relativos a decisões:

a) do Tribunal de Ética e Disciplina;

b) das demais Comissões.

Art. 34. Nas sessões das Câmaras será observada a seguinte ordem de trabalhos:

a) Verificação do número legal de presença;

b) Leitura, discussão e aprovação da ata da sessão anterior;

c) Ordem do dia.

Parágrafo único. A ordem dos trabalhos poderá ser alterada pelo Presidente quando houver matéria considerada relevante, ou quando estiver presente à sessão advogado que desejar usar a palavra ou interessado no processo, inscrito para fazer sustentação oral.

Art. 35. O julgamento dos processos adotará o seguinte procedimento:

a) Leitura do relatório, do voto e da proposta de ementa.

b) Sustentação oral pelo interessado, se advogado for e no exercício estiver, ou mandatário judicial constituído, no prazo de 15 minutos.

c) Discussão da matéria no prazo fixado pelo Presidente, podendo cada Conselheiro fazer o uso da palavra por uma vez, no prazo de três minutos, salvo se lhe for concedida prorrogação.

d) Votação, precedendo as questões prejudiciais e preliminares às de mérito.

e) Proclamação do resultado pelo Presidente com a leitura da súmula do julgamento.

f) Se durante a discussão o Presidente entender configurar-se questão complexa e não se encontrar suficientemente esclarecido, suspenderá o julgamento e designará revisor para a próxima sessão.

g) A justificação escrita do voto poderá ser encaminhada à Secretaria no prazo de quinze dias contados da data da votação da matéria.

h) Será concedida preferência para antecipação de voto ao Conselheiro que a justificar.

i) O secretário lerá, na ausência do Conselheiro relator, o relatório e o voto.

j) O pedido de vista formulado por Conselheiro no ato do julgamento ocasionará o adiamento daquele; terá então a vista concedida, caráter coletivo, permanecendo o processo na Secretaria, que facultará aos interessados os traslados pretendidos, perfazendo-se o julgamento na sessão seguinte ainda que ausentes o relator e o Conselheiro requerente daquela.

Art. 36. As decisões coletivas serão formalizadas em acórdão assinado pelo Presidente e relator, com posterior publicação na imprensa, comunicação ou intimação pessoal.

Parágrafo único. As manifestações de caráter geral poderão dispensar a forma solene de acórdão.

Art. 38. Havendo mais de um advogado ou o próprio interessado em fazer sustentação, como parte ou procurador, observar-se-á, para deferimento do pedido de preferência, a ordem de colocação dos processos na pauta.

Parágrafo único. Também terá preferência processo cujo Relator necessite ausentar-se durante a sessão.

Art. 39. Durante o julgamento poderá a parte, ou seu procurador, pedir a palavra pela ordem para, mediante intervenção sumária, esclarecer equívoco ou dúvida surgidos em relação a fatos, documentos ou afirmações que influam ou possam influir na decisão.

Art. 40. Para as sessões de julgamento, os interessados serão intimados, com antecedência mínima de 48 horas, por carta com aviso de recebimento, expedida para o último endereço que constar dos autos ou dos arquivos da Ordem ou, ausentes estes dados, por publicação no Diário Oficial; a intimação aperfeiçoar-se-á pela publicação no Diário Oficial, com o nome da parte, de seu advogado ou curador.

Art. 41. A distribuição de processos aos Relatores será proporcional e em rodízio, pelo Presidente da Câmara.

§ 1º O Relator determinará a realização de diligência que considere necessária ou devolverá o processo a ele distribuído no prazo de 15 (quinze) dias de seu efetivo recebimento, conforme carga respectiva existente na Secretaria, que, vencido o prazo, fará a cobrança dos autos. Devolvido sem voto ou despacho, o processo será redistribuído a outro Conselheiro, procedendo-se à respectiva compensação na distribuição seguinte.

§ 2º O prazo assinado ao Relator poderá ser prorrogado, a seu pedido, por igual tempo.

Art. 42. Compete ao Grupo de Câmaras julgar os embargos infringentes, os embargos de divergência e os incidentes de uniformização de jurisprudência.

TÍTULO IV
DA DIRETORIA DO CONSELHO SECCIONAL

CAPÍTULO III
DAS COMISSÕES

SEÇÃO I
DAS NORMAS GENÉRICAS

Art. 56. O Conselho e a Diretoria serão auxilia-dos e assessorados por Comissões Perma-nentes e Temporárias ou Especiais, integradas por Conselheiros, ou por estes e advogados designados pelo Presidente do Conselho Seccional, e eleitos pelo Conselho Seccional e por este destituíveis a qualquer tempo, pelo voto de sua maioria absoluta, após prévia audiência e regular defesa.

§ 1º Serão requisitos para integrar as Comissões o exercício ininterrupto da profissão pelo prazo mínimo de cinco anos, salvo o caso de exercício anterior na mesma função e a inexistência de apenamento por infração disciplinar, exceção feita para hipóteses específicas previstas neste Regimento.

§ 2º Cada Comissão será presidida por um membro Conselheiro ou não, designado pelo Presidente do Conselho Seccional.

§ 3º Caberá ao Presidente da Comissão a coordenação, administração geral e disciplina da respectiva Comissão, distribuindo os processos e trabalhos entre os integrantes e assessores, bem como cobrando os atrasos.

§ 4º Na falta ou impedimento de qualquer membro da Comissão, o seu Presidente convocará substituto dentre os demais componentes, conforme a hipótese.

§ 5º Cada Comissão baixará normas e instruções disciplinares de seu trabalho e das funções e tarefas a seu cargo, submetendo-as ao referendo do Conselho Seccional.

Art. 57. O Conselho Seccional poderá criar, extinguir ou alterar Comissões Temporárias ou Especiais destinadas a estudo e exame de problemas de interesse da classe, não abrangidas pela competência das Comissões Permanentes. Com a criação, o Conselho fixará as atribuições, elegerá os componentes e poderá determinar o respectivo tempo de existência.

Art. 58. Serão Comissões Permanentes:

Comissão de Seleção

Comissão de Direitos e Prerrogativas

Comissão de Estágio e Exame de Ordem

Comissão de Orçamento e Contas

Comissão de Obras e Patrimônio

Comissão da Mulher Advogada

Comissão de Direitos Humanos

Comissão de Legislação, Doutrina e Jurisprudência

Comissão do Advogado Público

Comissão do Advogado Assalariado

Comissão de Seguridade Social

Comissão do Meio Ambiente

Comissão das Sociedades de Advogados

Comissão de Defesa do Consumidor

Art. 59. Nas Subseções poderão ser organizadas Comissões Permanentes nos moldes das existentes na Seccional, ou Temporárias em razão de problemas locais de interesse da classe, compostas de advogados que atendam aos requisitos legais.

Parágrafo único. As Comissões Permanentes exercerão no território da Subseção as atribuições que lhe forem cometidas, expressamente, pela respectiva Comissão Seccional, à qual caberá o julgamento e designação de seu Presidente.

Art. 60. A distribuição dos processos nas Comissões será registrada em livro próprio, de modo a respeitar o critério da proporcionalidade e o controle das entregas, fazendo-se as devidas compensações em caso de impedimento, suspensão ou redistribuição.

SEÇÃO II
DA COMISSÃO DE SELEÇÃO

Art. 61. A Comissão de Seleção será composta por oito Conselheiros, um deles o Presidente, e doze membros-assessores. Estes serão escolhidos entre advogados, inscritos na Seccional, de reputação ilibada.

Art. 62. Essa Comissão será dividida em quatro turmas, cada uma composta de um Conselheiro, que a dirigirá, e três assessores. A juízo do Presidente da Comissão, estes poderão opinar em pedidos de inscrição.

Parágrafo único. Cada turma decidirá, por maioria de votos e instalar-se-á, deliberando, com a presença pelo menos do Presidente e dois de seus membros.

Art. 63. Caberá privativamente, à Comissão:

a) estudar e dar parecer sobre pedidos de inscrições nos quadros de advogados e estagiários, examinando e verificando o preenchimento dos requisitos legais;

b) apreciar as impugnações aos pedidos de inscrição, emitindo parecer fundamentado, para posterior apreciação da respectiva Câmara;

c) verificar o efetivo exercício profissional por parte dos inscritos, bem como os casos de incompatibilidade, impedimento, licenciamento ou cancelamento da inscrição;

d) determinar, quando for o caso, exame de saúde, a ser realizado pela Caixa de Assistência dos advogados de São Paulo, visando a promover eventual licenciamento do profissional;

e) examinar pedidos de transferência e de inscrição suplementar;

f) promover a representação prevista no art. 10, § 4º, da Lei n. 8906/94, em caso de transferência ou inscrição suplementar, desde que verificado vício ou possível ilegalidade na inscrição principal;

g) deferir a expedição de carteiras profissionais e cédulas de identidade, bem como vias suplementares em casos de extravio, perda ou mau estado de conservação;

h) recolher as carteiras e cédulas dos advogados, ou profissionais excluídos, suspensos ou impedidos do exercício da advocacia, assim como daqueles que tiverem suas inscrições canceladas;

i) em caso de recusa de entrega da carteira profissional, na forma prevista na letra anterior, promover as medidas cabíveis, inclusive de natureza judicial, para obter a restituição do documento;

j) em casos especiais e a juízo do Presidente da Comissão, esta poderá autorizar o profissional a ser o depositário da carteira aos impedidos de advogar;

k) autorizar, de imediato, a alteração do nome da profissional em virtude de casamento, separação judicial ou divórcio, desde que comprovado por documento hábil a mudança.

SEÇÃO III
DA COMISSÃO DE DIREITOS E PRERROGATIVAS

Art. 69. Competirá à Comissão de Direitos e Prerrogativas:

a) assistir de imediato qualquer membro da OAB que esteja sofrendo ameaça ou efetiva violação aos direitos, prerrogativas e exercício profissionais;

b) apreciar e dar parecer sobre casos, representação de queixas referentes a ameaças, afrontas ou lesões às prerrogativas e direitos dos inscritos na Ordem;

c) apreciar e dar parecer sobre pedidos de desagravo aos inscritos na Ordem;

d) fiscalizar os serviços prestados a inscritos na OAB e o estado das dependências da Administração Pública postas à disposição dos advogados para o exercício profissional;

e) promover todas as medidas e diligências necessárias à defesa, preservação e garantia dos direitos e prerrogativas profissionais, bem como ao livre exercício da advocacia, propondo ao presidente do Conselho as providências efetivas que julgar convenientes a tais desideratos;

f) verificar os casos de exercício ilegal da profissão, representando ao Presidente do Conselho para a tomada de medidas policiais ou judiciais que se fizerem mister.

Art. 70. As representações, queixas, denúncias ou notícias de fatos que possam causar ou que já causaram violação de direitos ou prerrogativas da profissão serão protocolizados e autuados pela Secretaria, para posterior encaminhamento ao Relator que for designado.

Art. 71. Convencido da existência de provas ou indícios de ameaça ou ofensa, determinará o Relator a instauração do processo para oferecimento de parecer e indicação de providências pertinentes. Em caso contrário, determinará o arquivamento. O mesmo ocorrerá quando a ofensa pessoal não estiver relacionada com as prerrogativas e direitos profissionais dos advogados ou se configurar crítica de caráter doutrinário, político ou religioso.

Art. 72. O Relator e qualquer membro da Turma poderá determinar a realização de diligências, requisitar e solicitar cópias, traslados, reproduções e certidões, informações escritas, inclusive do ofensor, no prazo de 15 dias.

Art. 73. Se as circunstâncias aconselharem, poderá o Relator requisitar informações sobre anotações constantes dos registros internos da Ordem alusivos ao interessado, observando-se o sigilo, se caso.

Art. 74. Se houver, perante o Tribunal de Ética e Disciplina, anterior processo versando sobre o mesmo fato, restará este sobrestado até final decisão daquele órgão.

Art. 75. O processo culminará com a elaboração de parecer do Relator fundamentando as providências pertinentes, quer judiciais, quer extrajudiciais, necessárias para prevenir ou restaurar o império do Estatuto, na sua plenitude.

Art. 76. O processo deverá tramitar com celeridade necessária aos objetivos a que se propõe. Do procedimento somente terão vista os interessados, vedada a extração de cópia para uso externo.

Art. 77. Quando o fato implicar ofensa relacionada comprovadamente com o exercício profissional, de cargo ou função da OAB, terá o inscrito também o direito do desagravo público.

Art. 78. O desagravo será promovido pelo Conselho Seccional, de ofício ou a pedido de qualquer pessoa.

Art. 79. O processo para sua concessão seguirá o mesmo procedimento anteriormente estabelecido, dispensando o Relator as informações do agravante, nas hipóteses de notoriedade do fato ou de urgência.

Art. 80. Com ou sem as informações, desde que convencido da procedência da pretensão ao desagravo, lançará o Relator parecer para apreciação do Conselho Seccional.

Art. 84. As representações, queixas, denúncias ou notícias relativas ao exercício ilegal da profissão, seguirão igualmente, no que couber, o procedimento geral anteriormente estabelecido.

Art. 85. Verificando o Relator a existência de provas indiciárias ou circunstanciais do fato que constitua exercício ilegal ou ilegítimo da advocacia, emitirá desde logo parecer com a sugestão das providências e medidas cabíveis, de natureza penal, civil e administrativa.

Art. 86. Na hipótese de quaisquer provas de participação, cooperação ou auxílio, quer intelectual, quer material de inscrito, em atividade ilícita, o Relator, mediante despacho fundamentado, remeterá reproduções ou cópias autenticadas das peças pertinentes para o imediato encaminhamento ao Tribunal de Ética e Disciplina.

TÍTULO VII
DO TRIBUNAL DE ÉTICA E DISCIPLINA

CAPÍTULO I
DO OBJETIVO, ORGANIZAÇÃO, FUNÇÕES E PROCEDIMENTOS

Art. 134. O Tribunal de Ética e Disciplina é órgão destinado a orientar e aconselhar a respeito da ética profissional, competindo-lhe, também, por força do que dispõe a Lei n. 8.906/94, instruir e julgar processos disciplinares, observando as regras do Estatuto e o Regulamento Geral, aplicando, nos casos omissos, princípios expostos na legislação processual penal.

Parágrafo único. Na sua função ética, além de outras, expedirá "resoluções" visando a fazer com que o advogado se torne merecedor de respeito, contribuindo para o prestígio da classe, mantendo, por outro lado, no exercício da profissão, independência absoluta.

Art. 135. O Tribunal de Ética e Disciplina do Conselho Seccional de São Paulo da Ordem dos Advogados do Brasil — TED — é constituído de:

a) 1 (um) Conselheiro Presidente;

b) 1 (um) Conselheiro Corregedor;

c) 14 (quatorze) Presidentes de Turmas, Conselheiros ou não, e de 210 (duzentos e dez) membros vogais efetivos 70 (setenta) membros vogais suplentes;

d) 1 (um) Ouvidor.

§ 1º A duração do mandato de todos os membros do TED coincide com o do Conselho Seccional.

§ 2º Só podem ser indicados e eleitos vogais efetivos e suplentes advogados de notório saber jurídico, ilibada reputação e que sejam inscritos há mais de 5 (cinco) anos, com efetivo exercício na advocacia.

§ 3º O lapso temporal previsto no parágrafo anterior é dispensado aos advogados integrantes da antiga Comissão de Ética e Disciplina.

§ 4º Os Presidentes de cada Turma, ao serem eleitos, passarão a ser designados por Presidente da Primeira até Décima Quarta Turmas.

§ 5º O Presidente do Tribunal de Ética e Disciplina, em seus impedimentos e afastamentos ocasionais, será substituído por um dos Presidentes de Turma designado pelo Presidente do Conselho.

§ 6º (Revogado).

§ 7º Ao Corregedor compete:

I — exercer funções de inspeção e correição permanentes sobre o funcionamento de todas as Turmas do TED;

II — decidir reclamações contra os atos atentatórios da boa e normal ordem processual praticados pelas Turmas e/ou seus Presidentes, quando inexistir recurso específico, cabendo recurso de suas decisões para o Conselho Seccional;

III — cuidar para que todas as Turmas tenham o mesmo padrão de funcionamento e serviço, além de orientar no sentido de se estabelecer critério único de prestação jurisdicional administrativa, sem regionalizações;

IV — propor ao Conselho e decretação de intervenção em qualquer das Turmas que não observar as recomendações da Corregedoria.

§ 8º Ao Ouvidor compete, obedecendo aos princípios da independência, celeridade e transparência, receber e encaminhar reclamações, queixas e sugestões pertinentes à atuação do TED, na forma a ser fixada por Resolução do Presidente do TED.

§ 9º A Ouvidoria será exercida por advogado com mais de 5 (cinco) anos de inscrição e efetivo exercício da advocacia, indicado pelo Presidente da Seccional, *ad referendum* do Conselho, pelo período de um ano, podendo ser reconduzido por um período subsequente.

§ 10. O Ouvidor reportar-se-á diretamente ao Presidente do TED e somente será dispensado da função antes do término do período, mediante proposta da Diretoria Seccional, por decisão da maioria do Conselho Seccional.

Art. 136. Além do Conselheiro Presidente e do Conselheiro Corregedor, o TED fica dividido em 14 (quatorze) Turmas, composta cada uma, de 1 (um) Presidente de Turma, de 15 (quinze) membros vogais efetivos e de 5 (cinco) membros vogais suplentes.

§ 1º Cada uma das Turmas terá um Presidente, escolhido pelo Conselho, mediante indicação do Presidente do Conselho Seccional. Quando a escolha recair em advogado não Conselheiro, serão observados os requisitos de notório saber jurídico, ilibada reputação, inscrição com mais de 15 (quinze) anos e efetivo exercício da advocacia. No caso de impedimento ou afastamento do Presidente de Turma, será ele substituído por um membro vogal efetivo designado pelo Presidente do Conselho, observados os requisitos deste artigo.

§ 2º Para a eleição dos vogais, titulares ou suplentes, de cada uma das 14 (quatorze) Turmas, pelo Conselho Seccional, o Presidente do Conselho indicará advogados domiciliados nas cidades da sede ou da jurisdição das respectivas Turmas.

§ 3º Compete à Primeira Turma — Deontologia — designada como Turma de Ética Profissional:

I — responder consultas, em tese, que lhe forem formuladas, orientando e aconselhando os inscritos na Ordem, admitidas as exceções previstas na Lei, no Regulamento ou no Regimento;

II — conciliar as divergências havidas entre advogados e/ou estagiários, especialmente as que envolvam:

a) partilha de honorários contratados em conjunto ou mediante subestabelecimento, ou em decorrência da sucumbência;

b) controvérsias surgidas quando da dissolução de sociedade de advogados;

III — zelar pela dignidade da profissão e pelo cumprimento do Código de Ética e Disciplina, Provimentos e Resoluções, devendo:

a) requerer ao Presidente do TED, quando couber, a instauração de procedimento disciplinar, apresentando parecer preliminar;

b) expedir resoluções sobre o modo de proceder em casos não previstos nos regulamentos e costumes do foro;

c) divulgar a ética, organizando e promovendo eventos para advogados e estagiários;

d) apreciar os casos omissos na Tabela de Honorários Advocatícios;

e) elaborar artigos sobre ética profissional e difundi-los nos meios de comunicação;

f) publicar, regularmente, comunicando as Turmas Disciplinares, seu ementário de decisões e a totalidade de seus julgados.

§ 4º Compete às demais Turmas, designadas, Turmas Disciplinares:

I — instaurar, instruir e julgar processos disciplinares, envolvendo advogados e/ou estagiários inscritos nos quadros da Seccional e aqueles que tenham cometido infração na base territorial desta, salvo se a falta tiver sido cometida perante o Conselho Federal;

II — aplicar as penas previstas no art. 35, da Lei n. 8.906, de 4 de julho de 1994, salvo a de exclusão, cujo processo lhe compete instruir;

III — julgar pedidos de revisão, reabilitação e aplicar a medida cautelar de suspensão preventiva.

Art. 137. A Primeira Turma do Tribunal de Ética e Disciplina terá abrangência sobre todos os inscritos na Seccional. As Segunda, Terceira, Quarta, Quinta e Sexta Turmas terão abrangência sobre os advogados inscritos na sede da Seccional e em todas as Subsecções da Capital do Estado.

§ 1º As Sétima, Oitava, Nona, Décima, Décima Primeira, Décima Segunda, Décima Terceira e Décima Quarta Turmas terão suas sedes nas Subsecções definidas pela Diretoria da Seccional, obedecidos os critérios de número de advogados inscritos e abrangência regional.

§ 2º A Diretoria da Seccional, por Resolução referendada pelo Conselho, determinará a jurisdição de cada uma das Turmas relacionadas no parágrafo anterior.

§ 3º Por nomeação de seu Presidente, pode ser criada, em cada Subsecção, Comissão de Ética e Disciplina, para receber qualquer tipo de representação disciplinar; dar ciência ao interessado para resposta e juntada de documentos, promover a instrução e emitir parecer prévio, para apreciação da competente Turma Disciplinar do Tribunal de Ética e Disciplina. Nas Subsecções onde não houver Comissão de Ética e Disciplina, as atribuições constantes deste parágrafo podem ser praticadas pelo seu Presidente.

TÍTULO VII
DO TRIBUNAL DE ÉTICA E DISCIPLINA

CAPÍTULO II
DO FUNCIONAMENTO — 1ª TURMA

Art. 138. Consultas formuladas e procedimentos dirigidos ao Tribunal serão autuados pela Secretaria e registrados em "livro próprio". Em seguida, serão distribuídos pelo Presidente a um relator, designado, desde logo, o revisor. Estes, sucessivamente, terão o prazo de 10 dias, cada um, para os respectivos pareceres, apresentando-os na primeira sessão seguinte, ao voto do revisor, para apreciação e julgamento. Cada um dos membros da 1ª Turma, oralmente, ou mediante pedido de vista, proferirá seu voto.

Os interessados, com a antecedência precisa, serão notificados do dia e hora do julgamento, ocasião em que terão oportunidade de sustentar suas teses, pelo prazo de 15 minutos. Se a hipótese em exame depender da produção de provas estas serão realizadas e as chamadas "provas orais" serão colhidas pelo relator, presentes as partes.

Art. 139. As sessões serão instaladas desde que presente a maioria simples de seus membros. E as deliberações serão tomadas por maioria. Depois do julgamento, o relator produzirá o correspondente acórdão, com "ementa", que será assinado pelo Presidente de Turma e pelo mesmo relator, anotados no "rodapé" os membros que tomaram parte no julgamento. Por intermédio do Secretário, a Secretaria, atinente à Turma, fará publicar, no órgão oficial, a súmula da decisão, omitidos os nomes das partes, que serão conhecidos apenas pelas iniciais (nomes e prenomes).

Art. 140. A 1ª Turma contará com a colaboração de um Secretário, de livre indicação do Presidente, cabendo a este:

a) providenciar a respeito do encaminhamento de recursos, porventura interpostos, das decisões do Tribunal;

b) assistir e elaborar ata relativa às reuniões do Tribunal, procedendo à sua leitura na abertura das sessões;

c) preparar a pauta dos trabalhos a redigir ou determinar a expedição de comunicações e correspondência do Tribunal e da Presidência;

d) colaborar com os relatores, quando solicitado, para instrução dos processos;

e) providenciar para que os atos sejam realizados no prazo de cinco dias, ordenando, também, seja certificado no processo a data de sua entrega aos relatores e revisores, assim como a respectiva data de devolução;

f) extrair traslado dos processos, formando autos suplementares, quando o processo, por motivo de recurso, for encaminhado ao Conselho ou a outro órgão da classe;

g) prover para que haja completo sigilo com respeito aos processos, somente informando às partes interessadas, aos seus procuradores, devidamente constituídos, ou a membros do Tribunal e Conselheiros.

Art. 141. As reuniões dessa Turma verificar-se-ão, mensalmente, em dia e hora que forem marcadas pelo Presidente, permitida a convocação extraordinária, quando necessário.

CAPÍTULO III
DO FUNCIONAMENTO E DESENVOLVIMENTO DOS TRABALHOS DAS TURMAS DE DISCIPLINA

Art. 142. O procedimento disciplinar será instaurado a requerimento da parte, por representação de qualquer autoridade ou "de ofício".

§ 1º Apresentada a representação — ou ela determinada —, a Secretaria fará as anotações devidas, em livro próprio e fichas organizadas, autuando a peça inicial e eventuais documentos. Deverá constar da representação "rol de testemunhas", quando for o caso.

§ 2º Recebidos os autos, o Presidente da Turma designa Relator, a quem compete, após a defesa prévia, exarar fundamentado parecer preliminar, quanto ao seguimento ou não da representação.

§ 3º Concluindo o Relator pelo arquivamento da representação, o Presidente, por delegação do Conselho, convencido do parecer, o acolherá, *ad referendum* da Turma.

Em caso contrário, o Presidente declara instaurado o processo disciplinar, deferindo as provas pelas quais houver protesto.

§ 4º Cabe ao Relator, auxiliado ou não por instrutores, presidir a instrução, ao fim da qual abre prazo para as partes apresentarem, querendo, as suas alegações finais.

§ 5º Com as alegações finais, o relator organizará seu relatório-voto, sendo o processo colocado em pauta para julgamento, cientificadas as partes do dia, local e hora do ato, quando, então, poderão fazer sustentação oral (prazo de quinze minutos).

§ 6º Para realização da sessão de julgamento é necessária a presença mínima de 5 (cinco) membros, sendo as deliberações tomadas por maioria.

§ 7º Realizado o julgamento, o relator elaborará o respectivo acórdão. Este será publicado e notificadas as partes pelo correio, com "aviso de recebimento".

§ 8º Eventuais "embargos de declaração" serão submetidos à apreciação do relator e postos em julgamento pela Turma ou Turmas.

§ 9º O "juízo de admissibilidade" dos demais recursos, previstos em lei, será apreciado, em primeira mão, pelo relator do órgão para o qual é dirigido o inconformismo.

§ 10. Além da competência das Turmas, cabe ao Presidente de cada uma apreciar e decretar a prescrição de processo disciplinar.

§ 11. Tratando-se de representação sem nenhum fundamento ou desacompanhada de um mínimo de prova dos fatos alegados, o Presidente, por delegação do Conselho, poderá determinar o arquivamento, liminar, do pedido.

§ 12. Para a imposição da medida cautelar prevista no art. 70, § 3º, da Lei n. 8.906, de 4 de julho de 1994, é necessária a presença, no mínimo, de 8 (oito) membros da Turma, deliberando-se por maioria.

§ 13. No desempenho de suas funções, as Turmas serão auxiliadas por defensores, instrutores e conselheiros assessores.

Art. 143. As intimações e notificações, para fins do processo disciplinar, são pessoais ou por via postal, com aviso de recebimento. Não encontrado o destinatário, será feita a publicação no Diário Oficial do Estado, e, não acudido o chamamento, o representado é havido como revel, não podendo ser alegada a ineficácia do chamamento, se tiver sido endereçado para o local constante dos assentamentos da OAB-SP feitos por declaração do próprio interessado.

Art. 144. À Secretaria das Turmas disciplinares caberá:

a) providenciar para que os expedientes nos procedimentos disciplinares sejam dados no prazo de cinco dias;

b) certificar, no processo, a data de sua entrega e devolução dos processos aos membros das Turmas;

c) informar, mensalmente, ao Presidente, processos que tenham sido enviados a outros órgãos de classe e não devolvidos no período;

d) providenciar para que haja absoluto sigilo nos trabalhos das Turmas, especialmente no que diz respeito a processos disciplinares. A estes só terão acesso as partes, seus procuradores constituídos, e membros do Tribunal.

Art. 145. Em suas faltas ou impedimentos, o Presidente e os Presidentes de Turmas serão substituídos pelo membro de inscrição mais antiga.

Art. 146. Os casos omissos neste Regimento, e ligados ao Tribunal de Ética e Disciplina, serão supridos pela experiência comum.

TÍTULO IX
DOS RECURSOS EM GERAL

Art. 151. Caberá recurso ordinário para uma das Câmaras do Conselho de todas as decisões proferidas pelo Presidente, Diretoria de Subsecções, da Caixa de Assistência dos Advogados e do Tribunal de Ética e Disciplina (art. 76 da Lei n. 8.906/94 e art. 143 do Regulamento Geral).

Art. 152. Os recursos serão interpostos no prazo de 15 (quinze) dias, a contar da publicação na imprensa oficial ou da cientificação do ato, perante a autoridade ou órgão que proferiu a decisão (arts. 138 e 139 do Regulamento Geral).

Art. 153. O juízo de admissibilidade competirá ao relator, não podendo a autoridade ou órgão *a quo* rejeitar o encaminhamento do recurso (art. 138, § 1º, do Regulamento Geral).

§ 1º Verificando o relator a carência dos pressupostos recursais, proferirá despacho indicativo de indeferimento liminar ao Presidente do órgão *ad quem* (art. 140, parágrafo único, do Regulamento Geral).

§ 2º Da decisão presidencial caberá recurso do interessado para o órgão julgador, impedido o relator da decisão recorrida de relatar tal recurso (art. 141 do Regulamento Geral).

Art. 154. Os embargos infringentes serão oponíveis às decisões não unânimes proferidas pelas Câmaras.

Art. 155. Cabem embargos de divergência das decisões definitivas das Câmaras que conflitem com outras proferidas por qualquer delas, e desde que ainda não se haja uniformizado o entendimento sobre a matéria.

Art. 156. Os embargos de declaração serão dirigidos ao relator da decisão visada, que, mediante despacho fundamentado, poderá negar-lhes seguimento nas hipóteses de se mostrarem manifestamente protelatórios ou de ausência dos pressupostos de admissibilidade.

§ 1º Admitidos, serão postos em mesa para julgamento, independentemente de inclusão na pauta, na sessão subsequente, salvo justificado impedimento (art. 138, §§ 3º e 4º, do Regulamento Geral).

§ 2º As decisões singular ou coletiva contempladas no item anterior não permitirão recurso (art. 138, § 5º, do Regulamento Geral).

Art. 157. A aplicação da pena de exclusão, com fundamento nos permissivos contidos no art. 34, incisos XXVI a XXVIII, combinado com art. 38, incisos I e II, do Estatuto, caberá ao Conselho pelo quórum qualificado de 2/3 (dois terços) de seus membros (art. 144 do Regulamento Geral).

Art. 158. Haverá recurso voluntário em todas as hipóteses alinhadas no art. 75 do Estatuto para o Conselho Federal.

Art. 159. São legitimados a exercer o direito de recurso o Presidente do Conselho e os interessados, inclusive para o Conselho Federal, conforme art. 75, parágrafo único, da Lei n. 8.906/94.

Parágrafo único. Para interpor recurso, não sendo o interessado advogado inscrito e no exercício regular da profissão, deverá para tanto servir-se de profissional habilitado.

Art. 160. De regra, os recursos terão efeito suspensivo, excetuando-se as hipóteses de suspensão preventiva por infração de regra disciplinar, inscrição mediante prova falsa e de matéria eleitoral (art. 77, da Lei n. 8.906/94, e art. 138, § 2º, do Regulamento Geral).

Art. 161. Os prazos contam-se da maneira geral, com exclusão do dia da publicação, intimação ou comunicação e inclusão do dia seguinte, a partir do primeiro dia útil.

Art. 162. Os prazos não fluem nos períodos de recesso (art.139, parágrafo único, do Regulamento Geral).

TÍTULO X
DAS DISPOSIÇÕES GERAIS

Art. 163. A Diretoria promoverá a publicação dos Atos da Ordem no Diário Oficial do Estado, salvo quando o sigilo profissional for imposto por lei.

Art. 164. Todas as notificações, comunicações e intimações serão feitas por carta registrada com aviso de recebimento ou por edital no Diário Oficial do Estado quando o interessado não for encontrado, salvo se expedidas em processo disciplinar.

§ 1º O endereçamento dar-se-á para o último domicílio constante dos arquivos da Seccional.

§ 2º Cumpre a todo inscrito na Ordem comunicar, expressa e imediatamente, a mudança de endereço, sob pena de não poder invocar esse fato para eximir-se de obrigação ou efeito do Estatuto ou deste Regimento.

§ 3º Notificação, intimação, comunicação e ofícios, salvo prova em contrário, serão tidos por feitos e entregues, conforme o caso:

a) com o ciente do destinatário quando ocorrer a providência por diligência pessoal de funcionários da Ordem;

b) com a juntada do recibo de aviso de recebimento, devidamente assinado pelo destinatário;

c) com a publicação feita no Diário Oficial.

Art. 165. Notificação, intimação, comunicação e ofício para fins de procedimento disciplinar serão pessoais ou enviados pelo correio, com aviso de recebimento. Não sendo encontrado o destinatário, será feita a publicação de edital no Diário Oficial do Estado.

§ 1º O edital limitar-se-á a convocar o destinatário a comparecer à Seção para se manifestar em processo de seu interesse.

§ 2º Notificação e intimação, mesmo para conhecimento de data de julgamento, serão feitas pessoalmente, por carta com aviso de recebimento, ou notícia publicada no Diário Oficial do Estado, indicando o número do processo.

Art. 166. Para controle e disciplina do exercício da advocacia no território nacional, o Presidente da Secção fará publicar, de uma só vez e por ordem alfabética, no primeiro trimestre de cada ano, no Diário Oficial do Estado, a lista atualizada dos advogados, estagiários e provisionados com inscrição até 31 de dezembro do ano anterior, com nome, número de inscrição, sede principal, endereço e telefone do advogado, bem como eventuais impedimentos.

Art. 167. Será editado, com regularidade pelo menos trimestral, o Jornal do Advogado, contendo, em caráter preferencial, notícias sobre consultas e decisões a respeito de seleção, direitos e prerrogativas, ética e disciplina e do próprio Tribunal de Ética, acórdãos de uniformização de jurisprudência e matérias de interesse profissional da advocacia em geral, para conhecimento dos inscritos e orientação quanto ao exercício profissional.

Parágrafo único. A Diretoria constituirá Comissão de Redação, presidida por seu Presidente, destinada à administração e disciplina do Jornal do Advogado e outras publicações da Seccional, seleção de trabalhos e responsabilidade técnica.

Art. 168. A criação de Subsecção, nos termos do § 4º, do art. 60, da Lei n. 8.906/94, deverá contar com o número mínimo de 100 (cem) advogados, nela profissionalmente domiciliados.

Art. 169. A criação e instalação de Conselhos da Subsecção só ocorrerá naquela onde houver mais de 2.000 advogados inscritos, nos termos do § 4º, do art. 60, da Lei n. 8.906/94.

Art. 170. O presente Regimento poderá ser revogado ou alterado por aprovação da maioria absoluta dos membros do Conselho, mediante proposta prévia e fundamentada de qualquer de seus membros ou proposta subscrita, no mínimo, por 500 (quinhentos) advogados inscritos na Seção, a qual permanecerá em pauta por 3 (três) sessões consecutivas.

Art. 171. As Turmas do Tribunal de Ética e Disciplina, com a competência prevista nos §§ 3º e 4º, do art. 136, deste Regimento, ficam com poderes para implementar atos capazes de dar soluções rápidas aos processos antigos existentes, a fim de evitar a ocorrência de prescrições.

Art. 172. Fica a critério da Diretoria da Seccional a instalação gradativa e até para efeito experimental das Décima Quinta, Décima Sexta, Décima Sétima, Décima Oitava e Décima Nona Turmas, independente da ordem numeral de cada uma delas.

§ 1º À medida que vierem a ser instaladas as Turmas criadas, todos os processos disciplinares instaurados até 31 de dezembro de 1996 serão redistribuídos, proporcionalmente, às Turmas, pela sequência dos respectivos números de processos.

§ 2º Os processos disciplinares, instaurados a partir de 1º de janeiro de 1997, serão redistribuídos entre as Turmas instaladas, sob o critério de competência, com observância da jurisdição de cada Turma.

Art. 173. Ficam criadas no Tribunal de Ética e Disciplina mais 5 (cinco) Turmas Disciplinares, com a competência e composição como definidas no art. 136 e parágrafos.

Deste Regimento, e que serão instaladas, cada uma delas, quando houver efetiva necessidade, a critério e por decisão da Diretoria Seccional, que definirá, também, as respectivas jurisdições.

Art. 174. Os casos omissos neste Regimento serão resolvidos pela Diretoria da Seção, submetidos ao referendo do Conselho Seccional, constando da ata o fundamento da resolução tomada.

Art. 175. Este Regimento ficará desde logo adaptado e vinculado às disposições da Lei Federal n. 8.906/94, ao Regulamento Geral e Resoluções e Provisões do Conselho Federal.

PROVIMENTOS DO CONSELHO FEDERAL EM VIGOR RELATIVOS A ASSUNTOS ÉTICO-DISCIPLINARES

PROVIMENTO N. 49/81

Dispõe sobre a aplicação da Lei n. 6.884, de 9.12.1980, na parte em que se acrescenta § 4º ao art. 71 da Lei n. 4.215/63.

Art. 1º O visto dos advogados em atos constitutivos e estatutos das sociedades civis e comerciais, indispensável ao registro e arquivamento nas repartições competentes, deve resultar sempre de efetiva autoria ou colaboração do profissional na elaboração dos respectivos instrumentos, incorrendo o infrator nas sanções disciplinares cabíveis, nos termos dos arts. 103, inciso VI, e 105 e seguintes da Lei n. 4.215/63.

Art. 2º Estão impedidos de exercer a advocacia de que trata o § 4º do art. 71 da Lei n. 4.215/63 os advogados que sejam funcionários ou empregados das Juntas Comerciais ou de quaisquer repartições administrativas competentes para o registro dos documentos mencionados no artigo anterior.

Art. 3º Este provimento entra em vigor na data da sua publicação no Diário Oficial.

Brasília, 13 de julho de 1981.

PROVIMENTO N. 66/88

Dispõe sobre a abrangência das atividades profissionais dos advogados.

Art. 1º A advocacia compreende, além da representação, em qualquer Juízo, Tribunal ou repartição, o procuratório extrajudicial, assim como os trabalhos jurídicos de Consultoria e Assessoria e as funções de Diretoria Jurídica.

Parágrafo único. A função de Diretoria Jurídica em qualquer empresa, pública, privada ou paraestatal, é privativa do advogado, não podendo ser exercida por quem não se encontre inscrito regularmente na Ordem.

Art. 2º É privativo dos advogados legalmente inscritos nos quadros da Ordem o assessoramento jurídico nas transações imobiliárias e na redação de contratos e estatutos de sociedades civis e comerciais, e a elaboração de defesas, escritas ou orais, perante quaisquer Tribunais e repartições.

Art. 3º A elaboração de memoriais do âmbito da Lei do Condomínio, no que concerne, estritamente, à sua fundamentação jurídica, também é privativa dos advogados legalmente inscritos nos quadros da Ordem.

Art. 4º É vedado aos advogados prestar serviços de assessoria e consultoria jurídica para terceiros, através de sociedades de prestação de serviços, inclusive de cobrança de títulos ou atividades financeiras de qualquer espécie, se essas entidades não puderem ser inscritas na Ordem dos Advogados do Brasil.

Art. 5º A prática dos atos previstos no art. 71, da Lei n. 4.215/63, por profissionais e sociedades não inscritos na Ordem dos

Advogados do Brasil, constitui exercício ilegal da profissão, a ser punido na forma da lei penal.

Art. 6º Este provimento entrará em vigor a partir da sua publicação no Diário Oficial da União.

Brasília, 22 de novembro de 1988.

PROVIMENTO N. 69/89

Dispõe sobre a prática de atos privativos por sociedades não registradas na Ordem.

Art. 1º A prestação de qualquer tipo de assistência jurídica sistemática a terceiros, nela incluída a cobrança judicial ou extrajudicial, é atividade privativa de sociedade constituída apenas de inscritos, registrada na Ordem dos Advogados, nos termos dos arts. 71 e 78, da Lei n. 4.215, de 27 de abril de 1963.

Art. 2º Pratica infração disciplinar o advogado, estagiário ou provisionado que, na condição de sócio, empregado ou autônomo facilita, de algum modo, o exercício de atividade privativa da profissão por sociedade que não preencha os requisitos para obtenção do registro na Ordem dos Advogados (Lei n. 4.215, art. 103, II e III).

Art. 3º A Ordem dos Advogados adotará, nas suas diversas instâncias, providências junto aos órgãos competentes, como Juntas Comerciais e Corregedorias, para obstar o arquivamento e o registro de atos constitutivos de sociedades que, tendo por objeto o exercício de atividades privativas da categoria, não possam ser registradas como sociedades de advogados, nos termos da Lei n. 4.215, bem assim para impedir o funcionamento das já existentes, com a responsabilização penal dos agentes.

Art. 4º Este provimento entra em vigor na data da sua publicação, revogadas as disposições em contrário.

Brasília, 9 de março de 1989.

PROVIMENTO N. 83/96

Dispõe sobre processos éticos de representação por advogado contra advogado.

Art. 1º Os processos de representação, de advogado contra advogado, envolvendo questões de ética profissional, serão encaminhados pelo Conselho Seccional diretamente ao Tribunal de Ética e Disciplina que:

I — notificará o representado para apresentar defesa prévia;

II — buscará conciliar os litigantes;

III — caso não requerida a produção de provas, ou se fundamentadamente considerada esta desnecessária pelo Tribunal, procederá ao julgamento uma vez não atingida a conciliação.

Art. 2º Verificando o Tribunal de Ética e Disciplina a necessidade de instrução probatória, encaminhará o processo ao Conselho Seccional, para os fins dos arts. 51 e 52 do Código de Ética e Disciplina.

Art. 3º Este Provimento entra em vigor na data de sua publicação.

Brasília, 17 de junho de 1996.

PROVIMENTO N. 91/2000

Dispõe sobre o exercício da atividade de consultores e sociedades de consultores em direito estrangeiro no Brasil.

O Conselho Federal da Ordem dos Advogados do Brasil, no uso das atribuições que lhe são conferidas pelo art. 54, V, da Lei n. 8.906/94, e tendo em vista o constante do Processo n. 4.467/99/COP,

Resolve:

Art. 1º O estrangeiro profissional em direito, regularmente admitido em seu país a exercer a advocacia, somente poderá prestar tais serviços no Brasil após autorizado pela Ordem dos Advogados do Brasil, na forma deste Provimento.

§ 1º A autorização da Ordem dos Advogados do Brasil, sempre concedida a título precário, ensejará exclusivamente a prática de consultoria no direito estrangeiro correspondente ao país ou estado de origem do profissional interessado, vedados expressamente, mesmo com o concurso de advogados ou sociedades de advogados nacionais, regularmente inscritos ou registrados na OAB:

I — o exercício do procuratório judicial;

II — a consultoria ou assessoria em direito brasileiro.

§ 2º As sociedades de consultores e os consultores em direito estrangeiro não poderão aceitar procuração, ainda quando restrita ao poder de substabelecer a outro advogado.

Art. 2º A autorização para o desempenho da atividade de consultor em direito estrangeiro será requerida ao Conselho Seccional da OAB do local onde for exercer sua atividade profissional, observado no que couber o disposto nos arts. 8º, incisos I, V, VI e VII e 10, da Lei n. 8.906 de 1994, exigindo-se do requerente:

I — prova de ser portador de visto de residência no Brasil;

II — prova de estar habilitado a exercer a advocacia e/ou de estar inscrito nos quadros da Ordem dos Advogados ou Órgão equivalente do país ou estado de origem; a perda, a qualquer tempo, desses requisitos importará na cassação da autorização de que cuida este artigo;

III — prova de boas conduta e reputação, atestadas em documento firmado pela instituição de origem e por 3 (três) advogados brasileiros regularmente inscritos nos quadros do Conselho Seccional da OAB em que pretender atuar;

IV — prova de não ter sofrido punição disciplinar, mediante certidão negativa de infrações disciplinares emitida pela Ordem dos Advogados ou Órgão equivalente do país ou estado em que estiver admitido a exercer a advocacia ou, na sua falta, mediante declaração de que jamais foi punido por infração disciplinar; a superveniência comprovada de punição disciplinar, no país ou estado de origem, em qualquer outro país, ou no Brasil, importará na cassação da autorização de que cuida este artigo;

V — prova de que não foi condenado por sentença transitada em julgado em processo criminal, no local de origem do exterior e na cidade onde pretende prestar consultoria em direito estrangeiro no Brasil; a superveniência comprovada de condenação criminal, transitada em julgado, no país ou estado de origem, em qualquer outro país, ou no Brasil, importará na cassação da autorização de que cuida este artigo;

VI — prova de reciprocidade no tratamento dos advogados brasileiros no país ou estado de origem do candidato.

§ 1º A Ordem dos Advogados do Brasil poderá solicitar outros documentos que entender necessários, devendo os documentos em língua estrangeira ser traduzidos para o vernáculo por tradutor público juramentado.

§ 2º A Ordem dos Advogados do Brasil deverá manter colaboração estreita com os Órgãos e autoridades competentes, do país ou estado de origem do requerente, a fim estar permanentemente informada quanto aos requisitos dos incisos IV, V e VI deste artigo.

§ 3º Deferida a autorização, o consultor estrangeiro prestará o seguinte compromisso, perante o Conselho Seccional:

"Prometo exercer exclusivamente a consultoria em direito do país onde estou originariamente habilitado a praticar a advocacia, atuando com dignidade e independência, observando a ética, os deveres e prerrogativas profissionais, e respeitando a Constituição Federal, a ordem jurídica do Estado Democrático Brasileiro e os Direitos Humanos".

Art. 3º Os consultores em direito estrangeiro, regularmente autorizados, poderão reunir-se em sociedade de trabalho, com o fim único e exclusivo de prestar consultoria em direito estrangeiro, observando-se para tanto o seguinte:

I — a sociedade deverá ser constituída e organizada de acordo com as leis brasileiras, com sede no Brasil e objeto social exclusivo de prestação de serviços de consultoria em direito estrangeiro;

II — os seus atos constitutivos e alterações posteriores serão aprovados e arquivados, sempre a título precário, na Seccional da OAB de sua sede social e, se for o caso, na de suas filiais, não tendo eficácia qualquer outro registro eventualmente obtido pela interessada;

III — a sociedade deverá ser integrada exclusivamente por consultores em direito estrangeiro, os quais deverão estar devidamente autorizados pela Seccional da OAB competente, na forma deste Provimento.

Art. 4º A sociedade poderá usar o nome que internacionalmente adote, desde que comprovadamente autorizada pela sociedade do país ou estado de origem.

Parágrafo único. Ao nome da sociedade se acrescentará obrigatoriamente a expressão "Consultores em Direito Estrangeiro".

Art. 5º A sociedade comunicará à Seccional competente da OAB o nome e a identificação completa de seus consultores estrangeiros, bem como qualquer alteração nesse quadro.

Art. 6º O consultor em direito estrangeiro autorizado e a sociedade de consultores em direito estrangeiro cujos atos constitutivos hajam sido arquivados na Ordem dos Advogados do Brasil devem, respectivamente, observar e respeitar as regras de conduta e os preceitos éticos aplicáveis aos advogados e às sociedades de advogados no Brasil e estão sujeitos à periódica renovação de sua autorização ou arquivamento pela OAB.

Art. 7º A autorização concedida a consultor em direito estrangeiro e o arquivamento dos atos constitutivos da sociedade de consultores em direito estrangeiro, concedidos pela OAB, deverão ser renovados a cada três anos, com a atualização da documentação pertinente.

§ 1º As Seccionais manterão quadros específicos e separados para anotação da autorização e do arquivamento dos atos constitutivos, originário e suplementar, dos consultores e sociedades a que se refere este artigo.

§ 2º A cada consultor ou sociedade de consultores será atribuído um número imutável, a que se acrescentará a letra S, quando se tratar de autorização ou arquivamento suplementar.

§ 3º Haverá, em cada Seccional, uma Comissão de Sociedades de Advogados à qual caberá, na forma do que dispuserem seu ato de criação e o Regimento Interno da Seccional, exercer a totalidade ou algumas das competências previstas neste Provimento. Nas Seccionais em que inexista tal Comissão, deverá ser ela criada e instalada no prazo de 30 (trinta) dias, contados da publicação deste Provimento.

Art. 8º Aplicam-se às sociedades de consultoria em direito estrangeiro e aos consultores em direito estrangeiro as disposições da Lei Federal n. 8.906 de 4 de julho de 1994, o Regulamento Geral do Estatuto da Advocacia e da OAB, o Código de Ética e Disciplina da OAB, os Regimentos Internos das Seccionais, as Resoluções e os Provimentos da OAB, em especial este Provimento, podendo a autorização e o arquivamento ser suspensos ou cancelados em caso de inobservância, respeitado o devido processo legal.

Art. 9º A Ordem dos Advogados do Brasil adotará, de ofício ou mediante representação, as medidas legais cabíveis, administrativas e/ou judiciais, sempre que tenha ciência de condutas infringentes às regras deste Provimento.

Art. 10. Os consultores e as sociedades constituídas na forma do presente Provimento estão sujeitos às mesmas anuidades e taxas aplicáveis aos nacionais.

Art. 11. Deferida a autorização ao consultor em direito estrangeiro, ou arquivados os atos constitutivos da sociedade de consultores em direito estrangeiro, deverá a Seccional da OAB, em 30 (trinta) dias, comunicar tais atos ao Conselho Federal, que manterá um cadastro nacional desses consultores e sociedades de consultores.

Art. 12. O presente Provimento entra em vigor na data de sua publicação, revogando-se as disposições em contrário.

Brasília, 13 de março de 2000.

Reginaldo Oscar de Castro
Presidente

Sergio Ferraz
Relator

PROVIMENTO N. 94/00

Dispõe sobre a publicidade, a propaganda e a informação da advocacia.

O Conselho Federal da Ordem dos Advogados do Brasil, no uso das atribuições que lhe são conferidas pelo art. 54, V, da Lei n. 8.906, de 4 de julho de 1994, considerando as normas sobre publicidade, propaganda e informação da advocacia, esparsas no Código de Ética e Disciplina, no Provimento n. 75, de 1992, em resoluções e em acentos dos Tribunais de Ética e Disciplina dos diversos Conselhos Seccionais; considerando a necessidade de ordená-las de forma sistemática e de especificar adequadamente sua compreensão; considerando, finalmente, a decisão tomada no Processo n. 4.585/00 COP,

Resolve:

Art. 1º É permitida a publicidade informativa do advogado e da sociedade de advogados, contanto que se limite a levar ao conhecimento do público em geral, ou da clientela, em particular, dados objetivos e verdadeiros a respeito dos serviços de advocacia que se propõe a prestar, observadas as normas do Código de Ética e Disciplina e as deste Provimento.

Art. 2º Entende-se por publicidade informativa:

a. a identificação pessoal e curricular do advogado ou da sociedade de advogados;

b. o número da inscrição do advogado ou do registro da sociedade;

c. o endereço do escritório principal e das filiais, telefones, fax e endereços eletrônicos;

d. as áreas ou matérias jurídicas de exercício preferencial;

e. o diploma de bacharel em direito, títulos acadêmicos e qualificações profissionais obtidos em estabelecimentos reconhecidos, relativos à profissão de advogado (art. 29, §§ 1º e 2º, do Código de Ética e Disciplina);

f. a indicação das associações culturais e científicas de que faça parte o advogado ou a sociedade de advogados;

g. os nomes dos advogados integrados ao escritório;

h. o horário de atendimento ao público;

i. os idiomas falados ou escritos.

Art. 3º São meios lícitos de publicidade da advocacia:

a. a utilização de cartões de visita e de apresentação do escritório, contendo, exclusivamente, informações objetivas;

b. a placa identificativa do escritório, afixada no local onde se encontra instalado;

c. o anúncio do escritório em listas de telefone e análogas;

d. a comunicação de mudança de endereço e de alteração de outros dados de identificação do escritório nos diversos meios de comunicação escrita, assim como por meio de mala direta aos colegas e aos clientes cadastrados;

e. a menção da condição de advogado e, se for o caso, do ramo de atuação, em anuários profissionais, nacionais ou estrangeiros;

f. a divulgação das informações objetivas, relativas ao advogado ou à sociedade de advogados, com modicidade, nos meios de comunicação escrita e eletrônica.

§ 1º A publicidade deve ser realizada com discrição e moderação, observado o disposto nos arts. 28, 30 e 31 do Código de Ética e Disciplina.

§ 2º As malas diretas e os cartões de apresentação só podem ser fornecidos a colegas, clientes ou a pessoas que os solicitem ou os autorizem previamente.

§ 3º Os anúncios de publicidade de serviços de advocacia devem sempre indicar o nome do advogado ou da sociedade de advogados com o respectivo número de inscrição ou de registro; devem, também, ser redigidos em português ou, se em outro idioma, fazer-se acompanhar da respectiva tradução.

Art. 4º Não são permitidos ao advogado em qualquer publicidade relativa à advocacia:

a. menção a clientes ou a assuntos profissionais e a demandas sob seu patrocínio;

b. referência, direta ou indireta, a qualquer cargo, função pública ou relação de emprego e patrocínio que tenha exercido;

c. emprego de orações ou expressões persuasivas, de autoengrandecimento ou de comparação;

d. divulgação de valores dos serviços, sua gratuidade ou forma de pagamento;

e. oferta de serviços em relação a casos concretos e qualquer convocação para postulação de interesses nas vias judiciais ou administrativas;

f. veiculação do exercício da advocacia em conjunto com outra atividade;

g. informações sobre as dimensões, qualidades ou estrutura do escritório;

h. informações errôneas ou enganosas;

i. promessa de resultados ou indução do resultado com dispensa de pagamento de honorários;

j. menção a título acadêmico não reconhecido;

k. emprego de fotografias e ilustrações, marcas ou símbolos incompatíveis com a sobriedade da advocacia;

l. utilização de meios promocionais típicos de atividade mercantil.

Art. 5º São admitidos como veículos de informação publicitária da advocacia:

a. Internet, fax, correio eletrônico e outros meios de comunicação semelhantes;

b. revistas, folhetos, jornais, boletins e qualquer outro tipo de imprensa escrita;

c. placa de identificação do escritório;

d. papéis de petições, de recados e de cartas, envelopes e pastas.

Parágrafo único. As páginas mantidas nos meios eletrônicos de comunicação podem fornecer informações a respeito de eventos, de conferências e outras de conteúdo jurídico, úteis à orientação geral, contanto que estas últimas não envolvam casos concretos nem mencionem clientes.

Art. 6º Não são admitidos como veículos de publicidade da advocacia:

a. rádio e televisão;

b. painéis de propaganda, anúncios luminosos e quaisquer outros meios de publicidade em vias públicas;

c. cartas circulares e panfletos distribuídos ao público;

d. oferta de serviços mediante intermediários.

Art. 7º A participação do advogado em programas de rádio, de televisão e de qualquer outro meio de comunicação, inclusive eletrônica, deve limitar-se a entrevistas ou a exposições sobre assuntos jurídicos de interesse geral, visando a objetivos exclusivamente ilustrativos, educacionais e instrutivos para esclarecimento dos destinatários.

Art. 8º Em suas manifestações públicas, estranhas ao exercício da advocacia, entrevistas ou exposições, deve o advogado abster-se de:

a. analisar casos concretos, salvo quando arguido sobre questões em que esteja envolvido como advogado constituído, como assessor jurídico ou parecerista, cumprindo-lhe, nesta hipótese, evitar observações que possam implicar a quebra ou violação do sigilo profissional;

b. responder, com habitualidade, a consultas sobre matéria jurídica por qualquer meio de comunicação, inclusive naqueles disponibilizados por serviços telefônicos ou de informática;

c. debater causa sob seu patrocínio ou sob patrocínio de outro advogado;

d. comportar-se de modo a realizar promoção pessoal;

e. insinuar-se para reportagens e declarações públicas;

f. abordar tema de modo a comprometer a dignidade da profissão e da instituição que o congrega.

Art. 9º Ficam revogados o Provimento n. 75, de 14 de dezembro de 1992, e as demais disposições em contrário.

Art. 10. Este Provimento entra em vigor na data de sua publicação.

Sala das Sessões, 5 de setembro de 2000.

Reginaldo Oscar de Castro
Presidente

Alfredo de Assis Gonçalves Neto
Conselheiro Relator (PR)

RESOLUÇÕES DO TRIBUNAL DE ÉTICA E DISCIPLINA DA OAB/SP SEÇÃO DEONTOLÓGICA

RESOLUÇÃO N. 1/92

"O Tribunal de Ética Profissional, no desempenho de atribuições estatutária e regimental de orientar e aconselhar sobre ética profissional o advogado inscrito na OAB e zelar pela defesa da dignidade e das prerrogativas da advocacia, tem a faculdade de : a) instaurar de ofício processo competente sobre ato, fato ou tema que considere passível de infringência a princípio ou norma de ética profissional e b) conhecer de consultas formuladas, em procedimento regular, por entidade de caráter público ou de autoridade pública, relacionadas com a atividade profissional e conduta ética do advogado e, a análise e deliberação sobre elas, em ambos os casos forem recomendadas para atender ou resguardar o exercício da advocacia e do Poder Judiciário."

São Paulo, 12 de novembro de 1992.

Prof. Modesto Carvalho — presidente

Dr. Elias Farah — proponente

Dr. Robison Baroni — relator

RESOLUÇÃO N. 2/92

Art. 1º O advogado, inscrito na Ordem dos Advogados do Brasil, pode anunciar os seus serviços profissionais, individual ou coletivamente, com discrição e moderação, para finalidade exclusivamente informativa.

Art. 2º O anúncio, que só pode ser veiculado em jornais e revistas, deve mencionar o nome completo do advogado, número de inscrição na Ordem dos Advogados do Brasil, podendo fazer referências a títulos ou qualificações profissionais, especialidades advocatícias, endereço da sede do escritório e dos correspondentes, horário do expediente e meios de comunicação, vedada sua veiculação pelo rádio e televisão.

§ 1º Títulos ou qualificações profissionais são os relativos à profissão de advogado, conferidos por universidades ou instituições de superior.

§ 2º Especialidades são os ramos do direito, indicados de forma genérica (p. ex. Direito Civil, Direito Penal, Direito Tributário, Direito Imobiliário, Direito do Trabalho, etc.).

Art. 3º O anúncio na forma de placas, na sede profissional ou na residência do advogado, deve observar discrição quanto ao conteúdo, forma, dimensões e cores, sem qualquer aspecto mercantilista, vedado o sistema de letreiro luminoso de qualquer espécie.

Art. 4º O anúncio não deve conter figuras, desenhos ou símbolos incompatíveis com a sobriedade da advocacia exceto o da balança como símbolo da Justiça, sendo proibido o uso do Símbolo Oficial da Nação e os que sejam utilizados pela Ordem dos Advogados do Brasil.

Parágrafo único. São vedadas referências a preços dos serviços, gratuidade ou forma de pagamento; termos ou expressões que possam iludir ou confundir o público; informações de serviços jurídicos suscetíveis de implicar, direta ou indiretamente em captação de causas ou clientes, bem como a menção ao tamanho, qualidade e estrutura da sede profissional.

Art. 5º Considera-se imoderado o anúncio profissional do advogado mediante remessa de carta pessoal ou impessoal a uma coletividade; a indicação expressa do seu nome e escritório em partes externa de veículos ou inserção do seu nome em anúncio relativo a outras atividades não advocatícias, faça delas parte ou não.

Art. 6º O anúncio deve utilizar o idioma português, e quando em idioma estrangeiro, deve estar acompanhado de tradução.

Art. 7º O advogado que eventualmente participar de programa de televisão e rádio, ou de entrevista na imprensa, ou ainda de reportagem televisionada, para manifestação profissional, deve observar objetivos exclusivamente ilustrativos, educacionais e instrutivos, sem propósito de promoção pessoal ou profissional, devendo evitar pronunciamentos sobre métodos de trabalhos usados por seus colegas.

Art. 8º O advogado deve abster-se de: a) participar, com habitualidade, de manifestações públicas ou entrevistas sobre questões jurídicas ou legais; b) responder a consultas sobre matéria jurídica pela imprensa (jornais, revistas, boletins, etc.), rádio e televisão; c) debater em qualquer veículo de divulgação, causa sob seu patrocínio ou patrocínio de colega; d) debater temas de modo a comprometer a dignidade da profissão, da instituição que o congrega ou o prestígio do Poder Judiciário.

Art. 9º Quando convidado para manifestação pública, por qualquer modo ou forma, visando esclarecimento de tema jurídico de interesse geral, deve o advogado evitar insinuações à promoção pessoal ou profissional, bem como o debate de caráter sensacionalista ou atentatório da ordem legal e da paz social.

Art. 10. A divulgação pública pelo advogado de assuntos técnicos ou jurídicos de que tenha ciência, em razão do exercício profissional, como advogado constituído, assessor jurídico ou parecerista, deve limitar-se a aspectos que não quebrem ou violem o segredo ou o sigilo profissional.

Art. 11. O advogado deve abster-se de discutir ou divulgar, publicamente temas, atos ou fatos que impliquem questionamentos de princípios de Ética Profissional do Advogado, devendo transferir esta incumbência para o Tribunal de Ética Profissional, pela forma e modo próprios.

Art. 12. A presente Resolução revoga disposições em contrário e se estende às sociedades de advogados e aos estagiários no que couber.

São Paulo, 11 de dezembro de 1992.

Prof. Modesto Carvalhosa — presidente

Dr. Robison Baroni — relator

Dr. Elias Farah — proponente

RESOLUÇÃO N. 3/92

Art. 1º O advogado vinculado ao cliente ou constituinte, por relação empregatícia ou por contrato civil de prestação permanente de serviços, e integrante de departamento jurídico ou órgão de assessoria jurídica, público ou privado pode, sem infringência ética, recusar o patrocínio de ação judicial ou reivindicação que envolvam direitos decorrentes de leis ou normas que lhe sejam também aplicáveis ou que contrarie expressa orientação que anteriormente tenha dado.

Art. 2º Incorre em infração disciplinar o advogado que, por força da hierarquia funcional, determinar ao colega subordinado assumir defesa recusada com fundamentação na violação à independência e inviolabilidade profissionais.

Art. 3º Independentemente do disposto nesta resolução, fica ressalvada a competência consultiva e orientativa deste Tribunal, bem como a competência sancionadora da Ordem dos Advogados do Brasil.

São Paulo, 11 de dezembro de 1992.

Prof. Modesto Carvalhosa — Presidente

Dr. Elias Farah — Proponente

Dr. Robison Baroni — Relator

RESOLUÇÃO N. 4/93

"O ato omissivo do advogado de não proceder a comunicação à Seção da OAB — diferente daquela da sua inscrição principal — onde vier a exercer provisoriamente a advocacia até cinco causas por ano (art. 56, § 2º do Provimento 51/81) ou de não proceder a inscrição suplementar, quando o número de causas exceder de cinco (art. 55, parágrafo único), embora não represente infração ética profissional no estrito sentido deontológico, por falta de específica tipificação no respectivo código, importa, entretanto, em quebra do dever profissional (art. 87, inc. VI do Estatuto), constituindo, assim, infração disciplinar prevista no art. 103, inc. XXIX, do mesmo Estatuto — Lei n. 4.215/63), que impede ao advogado faltar a qualquer dever imposto nesta lei (art. 87), a despeito de não causar dano de qualquer espécie a parte constituinte ou assistida, de conformidade com a remansosa jurisprudência dos tribunais do país."

Dr. Milton Basaglia — Presidente em exercício

Dr. Elias Farah — Proponente

Dr. Bruno Sammarco — Relator

Dr. Geraldo José Guimarães da Silva — Revisor

RESOLUÇÃO N. 5/93

"A publicidade e atividade advocatícia de magistrado aposentado, demitido ou exonerado, ou ainda de quem tenha exercido outro cargo ou função pública, não deve mencionar, direta ou indiretamente, o fato dos antecedentes funcionais, por não se incluírem entre os chamados títulos e especialidades profissionais, permissíveis na publicidade, e por configurar insinuação de maior capacidade técnico-profissional, tráfico de influência e propósito de competição desleal no âmbito de trabalho na área do direito."

Dr. Milton Basaglia — Presidente em exercício

Dr. Elias Farah — Proponente

Dr. Bruno Sammarco — Relator

Dr. Geraldo José Guimarães da Silva — Revisor

RESOLUÇÃO N. 6/94

"As consultas formuladas ao Tribunal de Ética Profissional devem ser submetidas, pelo relator designado, à análise prévia saneadora, para verificação do preenchimento, seja dos requisitos normativos, na forma e no conteúdo, para seu conhecimento, seja quanto à existência dos elementos, inclusive documentais, necessários e convenientes à apreciação e compreensão do mérito. O relator exporá oralmente ao plenário, quando for o caso, a conclusão da análise prévia saneadora para deliberação da viabilidade do conhecimento, apreciação do mérito ou conversão em diligência". 15.12.94

Prof. Modesto Carvalhosa — Presidente

Dr. Elias Farah — Proponente

Dr. Robison Baroni — Relator

RESOLUÇÃO N. 7/95

A Primeira Turma do Tribunal de Ética e Disciplina, da Seção de São Paulo, da Ordem dos Advogados do Brasil, em consonância com o que preceitua o seu Regimento Interno, tem por atribuição primordial orientar e aconselhar sobre ética profissional exclusivamente os advogados inscritos na Secional de São Paulo, em relação a atos, fatos ou conduta que lhes sejam direta e pessoalmente pertinentes, sendo inadmitidas consultas ou pedidos de orientação sobre atos, fatos ou conduta relativos ou envolventes de terceiros, ainda que advogado, ressalvada ao Tribunal a faculdade, prevista no Código de Ética e Disciplina, de proceder à instauração, de ofício, de processo competente, em razão de ato ou matéria que considere passível de configurar, em tese, infringência a princípio ou norma de ética profissional.

São Paulo, 17 de agosto de 1995.

Dr. Robison Baroni — Presidente

Dr. Elias Farah — Proponente

RESOLUÇÃO N. 8/96

"A Primeira Turma do Tribunal de Ética e Disciplina, que tem por atribuição primordial responder, sem propósito disciplinar, consultas que lhe são formuladas e, também, zelar pela dignidade da profissão e procurar conciliar questões sobre ética, envolvendo advogado, está dispensada, como regra, em razão da natureza das matérias discutidas e dos procedimentos adotados, de notificar os consulentes ou interessados no que concerne à comunicação prévia da data do julgamento, facultados os esclarecimentos pertinentes, desde que presente o consulente na sessão de julgamento."

São Paulo, 16 de maio de 1996.

Dr. Robison Baroni — Presidente

Dr. Elias Farah — Proponente

Dr. José Urbano Prates — Relator

Dra. Aparecida Rinaldi Guastelli — Revisora

RESOLUÇÃO N. 9/96

"A Primeira Turma do Tribunal de Ética e Disciplina, da Seção de São Paulo, da Ordem dos Advogados do Brasil, na sua atribuição de defender a dignidade da advocacia, é competente para instaurar, de ofício, processo para instrução, análise, debate ou deliberação sobre ato, fato ou matéria, com existência de indícios de infringência de ética profissional do advogado, dando, quando for conveniente ou necessário, conhecimento da deliberação ou parecer aos advogados interessados, com finalidade orientadora ou pedagógica, salvo quando a conclusão também apurar, em tese, a ocorrência de infração disciplinar, hipótese em que encaminhará, também, cópia do processo para uma das Turmas de competência disciplinar do Tribunal de Ética e Disciplina."

São Paulo, 13 de junho de 1996.

Dr. Robison Baroni — Presidente
Dr. Elias Farah — Proponente
Dr. Rubens Cury — Relator
Dr. José Urbano Prates — Revisor

RESOLUÇÃO N. 10/96

"Constitui infringência a princípios éticos e morais a utilização da expressão 'advogado', em anúncios, públicos ou privados, para identificação do anunciante com propósitos não advocatícios, manifestantes de interesses suspeitos ou para insinuações ou convites libidinosos. A expressão 'advogado', de uso privativo dos operadores do direito, inscritos na OAB, qualifica, social e historicamente o exercente de um *munus* público, inspirado na dignidade pessoal, na idoneidade da atuação profissional e na probidade como indivíduo e cidadão. O advogado tem obrigação de engrandecer e preservar a imagem de respeitabilidade da advocacia perante a sociedade e os poderes constituídos."

São Paulo, 17 de outubro de 1996.

Dr. Robison Baroni — Presidente
Dr. Elias Farah — Proponente
Dr. Rubens Cury — Relator
Dr. Benedito Édison Trama — Revisor

RESOLUÇÃO N. 11/97

"Os valores dos bens, mencionados na Tabela de Honorários da OAB/SP como parâmetro recomendável para a incidência dos percentuais dos honorários advocatícios, devem ser entendidos como 'valores reais', ou seja, valores médios praticados no livre mercado, na ocasião da contratação dos mesmos. Por equidade, os valores então adotados poderão ser monetariamente reajustados até a data do efetivo pagamento dos honorários. Fica ressalvada a liberdade das partes de contratarem diferentemente, mediante cláusulas específicas, observadas as disposições do Capítulo V, do Título I, do Código de Ética e Disciplina."

São Paulo, 17 de outubro de 1996.

Dr. Robison Baroni — Presidente
Dr. José Urbano Prates — Proponente
Dr. Carlos Aurélio Mota de Souza — Relator
Dr. Geraldo José Guimarães da Silva — Revisor

Proc. E-1.564/97 — A Primeira Turma — Seção Deontológica do Tribunal de Ética e Disciplina da Ordem dos Advogados do Brasil, Seccional de São Paulo, em conformidade com o que dispõe o Estatuto da Advocacia, o Regulamento Geral, o Código de Ética e Disciplina e o Regimento Interno, adotando proposição do Conselheiro Dr. Elias Farah, os pareceres do Relator Dr. José Urbano Prates e do Revisor Dr. Carlos Aurélio Mota de Souza, à unanimidade de seus Membros:

Considerando ser legítima a criação de associações de defesa do consumidor e de interesses comunitários, coletivos, corporativos, cooperativos ou difusos, com amparo na Constituição Federal (art. 5º, incisos XVII, XVIII, XXI, XXXII, e art. 170, inc. V); no Código de Defesa do Consumidor (Lei n. 8.078/90, arts. 4º, inc. II, *b*; 5º, inc. V; 82, inc. IV; 87; 105; 107); na Lei da Ação Civil Pública (Lei n. 7.347/85), etc.;

Considerando que as sociedades prestadoras de serviços gerais aos consumidores e à cidadania têm direito de representação e de petição, mas não capacidade postulatória em juízo, atividade privativa de advogados (Constituição Federal, art. 133; Lei n. 8.906/94, arts. 1º a 5º; Código de Processo Civil, arts. 36 e 38);

Considerando que a tais associações de defesa do cidadão é vedado incluir entre seus objetivos fins a prestação de assistência ou assessoria jurídica, judicial ou extra, por serem atividades privativas da advocacia (Estatuto da Advocacia e da OAB, art. 1º);

Considerando que ao advogado, como cidadão, não é defeso organizar associações e delas ser sócio fundador, benemérito ou contribuinte;

Considerando que, como membro ou diretor de associação, não lhe é vedado proferir palestras ou conferências, participar de seminários, mesas-redondas e congressos (E--1.472), com a exclusiva finalidade de orientação, informação e conscientização dos seus associados (CDC, art. 106, incs. III e IV, c/c art. 105);

Considerando que a publicidade das associações em causa visa à "defesa dos interesses e direitos protegidos", que é fim, conforme expressa o Código de Defesa do Consumidor (art. 83), e não de nomes ou atividades advocatícias, que é meio;

Considerando, finalmente, que, diante do Código de Ética e Disciplina, há incompatibilidade entre as atividades de sócio ou diretor de associações de defesa do cidadão e aquelas de advogado das mesmas;

Aprova a seguinte:

RESOLUÇÃO N. 12/97

Art. 1º O advogado, fundador, sócio ou integrante de órgãos diretivos ou deliberativos das associações de defesa geral da cidadania, deve limitar sua atividade associativa aos objetivos estatutários, vedada a advocacia para a mesma entidade.

Art. 2º O advogado, constituído pelas associações para serviços profissionais, deve preservar absoluta autonomia e independência, observando as normas estatutárias da OAB e seu Código de Ética e Disciplina.

Art. 3º O advogado não deve permitir a inclusão do seu nome, como profissional, na publicidade das associações, por configurar captação de causas e clientes.

Art. 4º A participação do advogado em palestras, conferências, seminários, mesas-redondas ou congressos da associação, visará a orientação, informação e conscientização dos associados, vedados propósitos de promoção profissional.

São Paulo, 18 de setembro de 1997.

Dr. Robison Baroni — Presidente.

Dr. Hernel de Godoy Costa — Secretário.

Proc. E-1.582/97 — A Primeira Turma — Seção Deontológica do Tribunal de Ética e Disciplina da Ordem dos Advogados do Brasil, Seccional de São Paulo, em conformidade com o que dispõe o Estatuto da Advocacia, o Regulamento Geral, o Código de Ética e Disciplina e o Regimento Interno, adotando proposição do Conselheiro Dr. Roberto Francisco de Carvalho, os pareceres do Relator Dr. Elias Farah e da Revisora Dra. Maria Cristina Zucchi, à unanimidade de seus Membros baixa a seguinte:

RESOLUÇÃO N. 13/97

"O exercício advocatício não pode desenvolver-se no mesmo local e em conjunto com qualquer profissão não advocatícia, individual ou em sociedade, e nem ser anunciado, privada ou publicamente, em conjunto com outra atividade profissional. A participação do advogado como membro de uma entidade não advocatícia, em qualquer condição, deve conservar nítida e absoluta separação em relação ao exercício da advocacia. Tais exigências constituem princípios basilares da proteção da inviolabilidade da sede profissional, do resguardo do sigilo dos arquivos, registros e meios de comunicação, e preservação da independência e liberdade de atuação. Direitos de proteção tais que se estendem a todos instrumentos de trabalho, ainda que em trânsito, ou fora da sede profissional."

São Paulo, 18 de setembro de 1997.

Dr. Robison Baroni — Presidente.

Dr. Hernel de Godoy Costa — Secretário.

Proc. E-1.614/97 — A Primeira Turma — Seção Deontológica do Tribunal de Ética e Disciplina da Ordem dos Advogados do Brasil, Seccional de São Paulo, em conformidade com o que dispõe o Estatuto da Advocacia, o Regulamento Geral, o Código de Ética e Disciplina e o Regimento Interno, adotando proposição do Conselheiro Dr. Elias Farah, os pareceres do Relator Dr. José Urbano Prates e do Revisor Dr. Benedito Édison Trama, à unanimidade de seus Membros:

Considerando que o Provimento n. 60/87 do Conselho Federal foi revogado (art. 157 do EAOAB), mas com suas disposições revigoradas pelo Regulamento Geral do EAOAB; Considerando que no mesmo diapasão, dispõe o art. 23 do Código de Ética e Disciplina: "é defeso ao advogado funcionar no mesmo processo, simultaneamente, como patrono e preposto do empregador ou cliente";

Considerando que este foi sempre o entendimento do Tribunal de Ética e Disciplina I, mesmo quando Tribunal de Ética Profissional (E-506, E-778, E-805, E-1.059), e firmado entendimento no E-1.604/97, de que a norma é aplicável aos procuradores públicos;

Considerando que a função de advogado exige uma tal independência que não pode conciliar com a de preposto e ser confundido com a parte que representa, a qual "é defeso assistir ao interrogatório da outra parte" (art. 344 do CPC);

Considerando que, sob o aspecto do sigilo profissional, o advogado não deve depor sobre fatos de que tomou conhecimento em razão do exercício profissional;

Considerando, finalmente, que a proibição, por sua amplitude, aplica-se a todos os advogados, inclusive aos que atuam sob o regime do servidor público, em qualquer nível, submetidos que estão todos, sem exceção, na atuação profissional, às disposições do Estatuto e do seu Regulamento Geral, bem como do Código de Ética e Disciplina;

Aprova a seguinte:

RESOLUÇÃO N. 14/97

"A proibição prevista no art. 3º do Regulamento Geral do Estatuto da Advocacia e da OAB, reafirmada no art. 23 do Código de Ética e Disciplina ("é defeso ao advogado funcionar no mesmo processo, simultaneamente, como patrono e preposto do empregador ou cliente"), é taxativa e, por sua amplitude aplica-se a todos os advogados, inclusive sob o regime do servidor público, em qualquer nível, submetidos que estão todos, sem exceção, na atuação profissional, às disposições estatutárias da OAB, do seu Regulamento Geral e do Código de Ética e Disciplina."

São Paulo, 20 de novembro de 1997.

Dr. Robison Baroni — Presidente

Dr. Hernel de Godoy Costa — Secretário

Proc. E-1.628/97 — A Primeira Turma — Seção Deontológica do Tribunal de Ética e Disciplina da Ordem dos Advogados do Brasil, Seccional de São Paulo, em conformidade com o que dispõe o Estatuto da Advocacia, o Regulamento Geral, o Código de Ética e Disciplina e o Regimento Interno, adotando proposição do Conselheiro Dr. Elias Farah, os pareceres do Relator Dr. Roberto Francisco de Carvalho e do Revisor Dr. José Urbano Prates, à unanimidade de seus Membros baixa a seguinte:

RESOLUÇÃO N. 15/97

"O advogado vinculado ao funcionalismo público, de quaisquer dos poderes, não deve assumir, por recomendação ética, no exercício de sua atividade profissional, o patrocínio da defesa de outro funcionário público envolvido, como indiciado, representado ou acusado, em processo disciplinar, no âmbito da administração pública ou em ação judicial do ente público a que esteja vinculado, por configurar caso de conflito de interesses, e estar submetido ao cerceamento da sua independência técnica e liberdade moral de atuação."

São Paulo, 12 de dezembro de 1997.

Dr. Robison Baroni — Presidente

Proc. E-1.732/98 — (Provimento ao Recurso de Embargos) — A Primeira Turma — Seção Deontológica do Tribunal de Ética e Disciplina da Ordem dos Advogados do Brasil, Seccional de São Paulo, em conformidade com o que dispõem o Estatuto da Advocacia, o Regulamento Geral, o Código de Ética e Disciplina e o Regimento Interno, adotando proposição do Conselheiro Dr. Paulo Marques de Figueiredo Júnior, os pareceres do Relator Dr. Cláudio Felippe Zalaf, e do Revisor Dr. Carlos Aurélio Mota de Souza, em grau de revisão que acolheu recurso de embargos, para inclusão de parágrafo único ao *caput*, à unanimidade de seus Membros:

Considerando que compete ao Tribunal de Ética e Disciplina — Seção Deontológica definir ou orientar sobre questão ético-profissional, não consignada no Código de Ética e Disciplina (art. 47);

Considerando a captação de clientela e de serviços por advogados que se desligam de sociedades de advogados a que serviram, sem o conhecimento ou concordância destes mesmos escritórios;

Considerando que tais condutas ofendem o princípio ético da solidariedade, do respeito mútuo e da preservação da paz, harmonia e convivência profissional;

Considerando que "o advogado deve proceder de forma que o torne merecedor de respeito e que contribua para o prestígio da classe e da advocacia" (art. 31 do EAOAB);

Considerando que são inúmeras as consultas, reclamações e representações de advogados contra advogados, que atuaram em diversos escritórios na condição de empregados, associados, sócios e até mesmo estagiários, e que, ao se desligarem, continuaram a angariar clientes ou a captar causas desses escritórios;

Considerando, finalmente, que na hipótese de serem constatadas a concorrência desleal e a captação de clientela, deverá ocorrer a notificação da parte infratora, para abstenção das violações, antes de qualquer outra providência:

Aprova a seguinte:

RESOLUÇÃO N. 16/98

"Advogado desligado de escritório de advocacia ou de sociedade de advogados, de que tenha participado como empregado, associado, sócio ou estagiário, deve abster-se de patrocinar causas de clientes ou ex-clientes desses escritórios, pelo prazo de dois anos, salvo mediante liberação formal pelo escritório de origem, por caracterizar concorrência desleal, captação indevida de clientela e de influência alheia, em benefício próprio.

Parágrafo único. A concorrência desleal e a captação de clientela, a que se refere o *caput* desta Resolução, devem ser comprovadas para posterior notificação à parte infratora visando à abstenção das violações."

São Paulo, 18 de março de 1999.

Dr. Robison Baroni — Presidente

Proc. E-1.623/97 — A Primeira Turma — Seção Deontológica do Tribunal de Ética e Disciplina da Ordem dos Advogados do Brasil, Seccional de São Paulo, em conformidade com o que dispõem o Estatuto da Advocacia, o Regulamento Geral, o Código de Ética e Disciplina e o Regimento Interno, adotando proposição do Dr. Roberto Francisco de Carvalho, os pareceres do Relator Dr. Benedito Édison Trama e dos Revisores Drs. Carlos Aurélio Mota de Souza, Maria Cristina Zucchi e João Teixeira Grande, constantes no processo E-1.623/97, à unanimidade de seus Membros, aprova a seguinte resolução:

RESOLUÇÃO N. 17/00

Art. 1º O sigilo profissional do advogado, como princípio de ordem pública, é estabelecido no interesse geral da própria sociedade, assegurando o pleno direito de defesa, e obriga todos os inscritos na Ordem, inclusive os advogados públicos, os estagiários e os consultores em geral (art. 3º, §§ 1º e 2º, da Lei n. 8.906/94, art. 10 do Regulamento Geral e art. 8º do Provimento n. 91/00 do Conselho Federal).

§ 1º Estão resguardados pelo manto do sigilo não apenas os segredos confiados pelo cliente ao advogado e as informações privilegiadas, mas tudo o que lhe chegue ao conhecimento em decorrência do exercício profissional, quer as revelações feitas de viva voz pelo cliente, quer aquelas constantes de documentos e comunicações epistolares, quer ainda aquelas sabidas por outras fontes.

§ 2º O sigilo profissional, de que tratam a Lei n. 8.906/94 e o Código de Ética e Disciplina, diz respeito a fatos e conhecimento do advogado, de interesse no processo, e não a seu saber, a sua inteligência e as suas habilidades, virtudes inerentes ao profissional e das quais poderá dispor livremente no exercício de suas atividades, sem comprometer o segredo profissional.

§ 3º Para garantia do sigilo profissional, o advogado deve zelar pela segurança e inviolabilidade de seus arquivos, sob pena de ser responsabilizado pela violação, por terceiros, dos documentos confidenciais sob sua guarda.

Art. 2º Não é permitida a quebra do sigilo profissional na advocacia, mesmo se autorizada pelo cliente ou confidente, por se tratar de direito indisponível, acima de interesses pertinentes, decorrente da ordem natural, imprescindível à liberdade de consciência, ao direito de defesa, à segurança da sociedade e à garantia do interesse público.

Art. 3º Não há violação do segredo profissional em casos de defesa do direito à vida, ofensa à honra, ameaça ao patrimônio ou defesa da Pátria, ou quando o advogado se veja atacado pelo próprio cliente e, em sua defesa, precise alegar algo do segredo, sempre, porém, restrito ao interesse da causa *sub judice*.

Parágrafo único. Não ocorre a quebra do sigilo quando, em razão de convênio oficial do qual participa o advogado, deva ele justificar sua recusa ou renúncia ao patrocínio da causa, sempre nos limites da necessidade do atendimento ao convênio, sem desrespeito à confiança depositada no profissional.

Art. 4º O advogado que, esteja ou não no exercício da advocacia, encontrar-se, em razão de justa causa ou estado de necessidade, na contingência de revelar segredo profissional, assume, em princípio e pessoalmente, a responsabilidade de fazê-lo sem a autorização da Ordem, devendo, no entanto, a revelação, na forma, extensão e profundidade, ser submetida à análise da sua consciência e do bom senso profissional.

Parágrafo único. Ocorrendo o fato previsto no *caput* deste artigo, o advogado deverá justificar perante a Ordem a relevância dos motivos de sua convicção, sob pena de incorrer na infração prevista no inciso VII do art. 34 da Lei n. 8.906/94.

Art. 5º O sigilo profissional, mormente se o teor do depoimento judicial a ser prestado perante a autoridade se relacione com as anteriores causas que patrocinou, ou de quem seja ou tenha sido advogado, garante ao mesmo tempo em que lhe impõe o direito/dever de, comparecendo em juízo, recusar-se a depor, haja vista que tal procedimento constitui direito amparado pelo inciso XIX do art. 7º da Lei n. 8.906/94 e dever normatizado pelo art. 26 do Código de Ética e Disciplina.

Art. 6º No caso das confidências feitas ao advogado pelo cliente para instrução da causa, poderão elas ser utilizadas nos limites da defesa, convindo ao advogado obter a autorização do confidente, por escrito, em documento próprio ou no petitório judicial.

Parágrafo único. A medida do limite da defesa fica a critério do advogado, que não está, em princípio, na dependência de autorização da Ordem, mas responde pelo excesso praticado.

Art. 7º Devem ser observados, no que se refere ao sigilo profissional, os princípios e as regras contidos nos arts. 18, 19, 20, 25, 26, 27, 33-IV, 34 e 42 do Código de Ética e Disciplina e as disposições legais dos arts. 7º-II e XIX e 34-VII da Lei n. 8.906/94, art. 5º-XII da Constituição Federal, art. 154 do Código Penal, art. 207 do Código de Processo Penal, art. 144 do Código Civil, arts. 347-II, 363-IV e 406-II do Código de Processo Civil, art. 197, parágrafo único, do Código Tributário Nacional e demais legislações pertinentes.

São Paulo, 19 de outubro de 2000.

Robison Baroni — Presidente

Benedito Édison Trama — Relator

REGULAMENTO GERAL DO ESTATUTO DA ADVOCACIA E DA OAB

Dispõe sobre o Regulamento Geral previsto na Lei n. 8.906, de 4 de julho de 1994.

O Conselho Federal da Ordem dos Advogados Do Brasil, no uso das atribuições conferidas pelos arts. 54, V, e 78 da Lei n. 8.906, de 4 de julho de 1994,

Resolve:

TÍTULO I
DA ADVOCACIA

CAPÍTULO I
DA ATIVIDADE DE ADVOCACIA

Seção I
Da Atividade de Advocacia em Geral

Art. 1º A atividade de advocacia é exercida com observância da Lei n. 8.906/94 (Estatuto), deste Regulamento Geral, do Código de Ética e Disciplina e dos Provimentos.

Art. 2º O visto do advogado em atos constitutivos de pessoas jurídicas, indispensável ao registro e arquivamento nos órgãos competentes, deve resultar da efetiva constatação, pelo profissional que os examinar, de que os respectivos instrumentos preenchem as exigências legais pertinentes. (NR)

Parágrafo único. Estão impedidos de exercer o ato de advocacia referido neste artigo os advogados que prestem serviços a órgãos ou entidades da Administração Pública direta ou indireta, da unidade federativa a que se vincule a Junta Comercial, ou a quaisquer repartições administrativas competentes para o mencionado registro.

Art. 3º É defeso ao advogado funcionar no mesmo processo, simultaneamente, como patrono e preposto do empregador ou cliente.

Art. 4º A prática de atos privativos de advocacia, por profissionais e sociedades não inscritos na OAB, constitui exercício ilegal da profissão.

Parágrafo único. É defeso ao advogado prestar serviços de assessoria e consultoria jurídicas para terceiros, em sociedades que não possam ser registradas na OAB.

Art. 5º Considera-se efetivo exercício da atividade de advocacia a participação anual mínima em cinco atos privativos previstos no art. 1º do Estatuto, em causas ou questões distintas.

Parágrafo único. A comprovação do efetivo exercício faz-se mediante:

a) certidão expedida por cartórios ou secretarias judiciais;

b) cópia autenticada de atos privativos;

c) certidão expedida pelo órgão público no qual o advogado exerça função privativa do seu ofício, indicando os atos praticados.

Art. 6º O advogado deve notificar o cliente da renúncia ao mandato (art. 5º, § 3º, do Estatuto), preferencialmente mediante carta com aviso de recepção, comunicando, após, o Juízo.

Art. 7º A função de diretoria e gerência jurídicas em qualquer empresa pública, privada ou paraestatal, inclusive em instituições financeiras, é privativa de advogado, não podendo ser exercida por quem não se encontre inscrito regularmente na OAB.

Art. 8º A incompatibilidade prevista no art. 28, II do Estatuto, não se aplica aos advogados que participam dos órgãos nele referidos, na qualidade de titulares ou suplentes, como representantes dos advogados. (NR)

§ 1º Ficam, entretanto, impedidos de exercer a advocacia perante os órgãos em que atuam, enquanto durar a investidura.

§ 2º A indicação dos representantes dos advogados nos juizados especiais deverá ser promovida pela Subseção ou, na sua ausência, pelo Conselho Seccional.

Seção II
Da Advocacia Pública

Art. 9º Exercem a advocacia pública os integrantes da Advocacia-Geral da União, da Defensoria Pública e das Procuradorias e Consultorias Jurídicas dos Estados, do Distrito Federal, dos Municípios, das autarquias e das fundações públicas, estando obrigados à inscrição na OAB, para o exercício de suas atividades.

Parágrafo único. Os integrantes da advocacia pública são elegíveis e podem integrar qualquer órgão da OAB.

Art. 10. Os integrantes da advocacia pública, no exercício de atividade privativa prevista no Art. 1º do Estatuto, sujeitam-se ao regime do Estatuto, deste Regulamento Geral e do Código de Ética e Disciplina, inclusive quanto às infrações e sanções disciplinares.

Seção III
Do Advogado Empregado

Art. 11. Compete a sindicato de advogados e, na sua falta, a federação ou confederação de advogados, a representação destes nas convenções coletivas celebradas com as entidades sindicais representativas dos empregadores, nos acordos coletivos celebrados com a empresa empregadora e nos dissídios coletivos perante a Justiça do Trabalho, aplicáveis às relações de trabalho.

Art. 12. Para os fins do art. 20 da Lei n. 8.906/94, considera-se dedicação exclusiva o regime de trabalho que for expressamente previsto em contrato individual de trabalho. (NR)

Parágrafo único. Em caso de dedicação exclusiva, serão remuneradas como extraordinárias as horas trabalhadas que excederem a jornada normal de oito horas diárias.

Art. 13. (Revogado)

Art. 14. Os honorários de sucumbência, por decorrerem precipuamente do exercício da advocacia e só acidentalmente da relação de emprego, não integram o salário ou a remuneração, não podendo, assim, ser considerados para efeitos trabalhistas ou previdenciários.

Parágrafo único. Os honorários de sucumbência dos advogados empregados constituem fundo comum, cuja destinação é decidida pelos profissionais integrantes do serviço jurídico da empresa ou por seus representantes.

CAPÍTULO II
DOS DIREITOS E DAS PRERROGATIVAS

Seção I
Da Defesa Judicial dos Direitos e das Prerrogativas

Art. 15. Compete ao Presidente do Conselho Federal, do Conselho Seccional ou da Subseção, ao tomar conhecimento de fato que possa causar, ou que já causou, violação de direitos ou prerrogativas da profissão, adotar as providências judiciais e extrajudiciais cabíveis para prevenir ou restaurar o império do Estatuto, em sua plenitude, inclusive mediante representação administrativa.

Parágrafo único. O Presidente pode designar advogado, investido de poderes bastantes, para as finalidades deste artigo.

Art. 16. Sem prejuízo da atuação de seu defensor, contará o advogado com a assistência de representante da OAB nos inquéritos policiais ou nas ações penais em que figurar como indiciado, acusado ou ofendido, sempre que o fato a ele imputado decorrer do exercício da profissão ou a este vincular-se.

Art. 17. Compete ao Presidente do Conselho ou da Subseção representar contra o responsável por abuso de autoridade, quando configurada hipótese de atentado à garantia legal de exercício profissional, prevista na Lei n. 4.898, de 9 de dezembro de 1965.

Seção II
Do Desagravo Público

Art. 18. O inscrito na OAB, quando ofendido comprovadamente em razão do exercício profissional ou de cargo ou função da OAB, tem direito ao desagravo público promovido pelo Conselho competente, de ofício, a seu pedido ou de qualquer pessoa.

§ 1º Compete ao relator, convencendo-se da existência de prova ou indício de ofensa relacionada ao exercício da profissão ou de cargo da OAB, propor ao Presidente que solicite informações da pessoa ou autoridade ofensora, no prazo de quinze dias, salvo em caso de urgência e notoriedade do fato.

§ 2º O relator pode propor o arquivamento do pedido se a ofensa for pessoal, se não estiver relacionada com o exercício profissional ou com as prerrogativas gerais do advogado ou se configurar crítica de caráter doutrinário, político ou religioso.

§ 3º Recebidas ou não as informações e convencendo-se da procedência da ofensa, o relator emite parecer que é submetido ao Conselho.

§ 4º Em caso de acolhimento do parecer, é designada a sessão de desagravo, amplamente divulgada.

§ 5º Na sessão de desagravo o Presidente lê a nota a ser publicada na imprensa, encaminhada ao ofensor e às autoridades e registrada nos assentamentos do inscrito.

§ 6º Ocorrendo a ofensa no território da Subseção a que se vincule o inscrito, a sessão de desagravo pode ser promovida pela diretoria ou conselho da Subseção, com representação do Conselho Seccional.

§ 7º O desagravo público, como instrumento de defesa dos direitos e prerrogativas da advocacia, não depende de concordância do ofendido, que não pode dispensá-lo, devendo ser promovido a critério do Conselho.

Art. 19. Compete ao Conselho Federal promover o desagravo público de Conselheiro Federal ou de Presidente de Conselho Seccional, quando ofendidos no exercício das atribuições de seus cargos e ainda quando a ofensa a advogado se revestir de relevância e grave violação às prerrogativas profissionais, com repercussão nacional.

Parágrafo único. O Conselho Federal, observado o procedimento previsto no art. 18 deste Regulamento, indica seus representantes para a sessão pública de desagravo, na sede do Conselho Seccional, salvo no caso de ofensa a Conselheiro Federal.

CAPÍTULO III
DA INSCRIÇÃO NA OAB

Art. 20. O requerente à inscrição principal no quadro de advogados presta o seguinte compromisso perante o Conselho Seccional, a Diretoria ou o Conselho da Subseção:

> "Prometo exercer a advocacia com dignidade e independência, observar a ética, os deveres e prerrogativas profissionais e defender a Constituição, a ordem jurídica do Estado Democrático, os direitos humanos, a justiça social, a boa aplicação das leis, a rápida administração da justiça e o aperfeiçoamento da cultura e das instituições jurídicas."

§ 1º É indelegável, por sua natureza solene e personalíssima, o compromisso referido neste artigo.

§ 2º A conduta incompatível com a advocacia, comprovadamente imputável ao requerente, impede a inscrição no quadro de advogados.

Art. 21. O advogado pode requerer o registro, nos seus assentamentos, de fatos comprovados de sua atividade profissional ou cultural, ou a ela relacionados, e de serviços prestados à classe, à OAB e ao País.

Art. 22. O advogado, regularmente notificado, deve quitar seu débito relativo às anuidades, no prazo de 15 dias 2 da notificação, sob pena de suspensão, aplicada em processo disciplinar.

Parágrafo único. Cancela-se a inscrição quando ocorrer a terceira suspensão, relativa ao não pagamento de anuidades distintas.

Art. 23. O requerente à inscrição no quadro de advogados, na falta de diploma regularmente registrado, apresenta certidão de graduação em direito, acompanhada de cópia autenticada do respectivo histórico escolar.

Art. 24. Aos Conselhos Seccionais da OAB incumbe atualizar, até 31 de dezembro de cada ano, o cadastro dos advogados inscritos, organizando a lista correspondente.

§ 1º O cadastro contém o nome completo de cada advogado, o número da inscrição (principal e suplementar), os endereços e telefones profissionais e o nome da sociedade de advogados de que faça parte, se for o caso.

§ 2º No cadastro são incluídas, igualmente, a lista dos cancelamentos das inscrições e a lista das sociedades de advogados registradas, com indicação de seus sócios e do número de registro.

§ 3º Cabe ao Presidente do Conselho Seccional remeter à Secretaria do Conselho Federal o cadastro atualizado de seus inscritos, até o dia 31 de março de cada ano.

Art. 25. Os pedidos de transferência de inscrição de advogados são regulados em Provimento do Conselho Federal.

Art. 26. O advogado fica dispensado de comunicar o exercício eventual da profissão, até o total de cinco causas por ano, acima do qual obriga-se à inscrição suplementar.

CAPÍTULO IV
DO ESTÁGIO PROFISSIONAL

Art. 27. O estágio profissional de advocacia, inclusive para graduados, é requisito necessário à inscrição no quadro de estagiários da OAB e meio adequado de aprendizagem prática.

§ 1º O estágio profissional de advocacia pode ser oferecido pela instituição de ensino superior autorizada e credenciada, em convênio com a OAB, complementando-se a carga horária do estágio curricular supervisionado com atividades práticas típicas de advogado e de estudo do Estatuto e do Código de Ética e Disciplina, observado o tempo conjunto mínimo de 300 (trezentas) horas, distribuído em dois ou mais anos.

§ 2º A complementação da carga horária, no total estabelecido no convênio, pode ser efetivada na forma de atividades jurídicas no núcleo de prática jurídica da instituição de ensino, na Defensoria Pública, em escritórios de advocacia ou em setores jurídicos públicos ou privados, credenciados e fiscalizados pela OAB.

§ 3º As atividades de estágio ministrado por instituição de ensino, para fins de convênio com a OAB, são exclusivamente práticas, incluindo a redação de atos processuais e profissionais, as rotinas processuais, a assistência e a atuação em audiências e sessões, as visitas a órgãos judiciários, a prestação de serviços jurídicos e as técnicas de negociação coletiva, de arbitragem e de conciliação.

Art. 28. O estágio realizado na Defensoria Pública da União, do Distrito Federal ou dos Estados, na forma do art. 145 da Lei Complementar n. 80, de 12 de janeiro de 1994, é considerado válido para fins de inscrição no quadro de estagiários da OAB.

Art. 29. Os atos de advocacia, previstos no art. 1º do Estatuto, podem ser subscritos por estagiário inscrito na OAB, em conjunto com o advogado ou o defensor público.

§ 1º O estagiário inscrito na OAB pode praticar isoladamente os seguintes atos, sob a responsabilidade do advogado:

I — retirar e devolver autos em cartório, assinando a respectiva carga;

II — obter junto aos escrivães e chefes de secretarias certidões de peças ou autos de processos em curso ou findos;

III — assinar petições de juntada de documentos a processos judiciais ou administrativos.

§ 2º Para o exercício de atos extrajudiciais, o estagiário pode comparecer isoladamente, quando receber autorização ou subestabelecimento do advogado.

Art. 30. O estágio profissional de advocacia, realizado integralmente fora da instituição de ensino, compreende as atividades fixadas em convênio entre o escritório de advocacia ou entidade que receba o estagiário e a OAB.

Art. 31. Cada Conselho Seccional mantém uma Comissão de Estágio e Exame de Ordem, a quem incumbe coordenar, fiscalizar e executar as atividades decorrentes.

§ 1º Os convênios e suas alterações, firmados pelo Presidente do Conselho ou da Subseção, quando esta receber delegação de competência, são previamente elaborados pela Comissão, que tem poderes para negociá-los com os interessados.

§ 2º A Comissão pode instituir subcomissões nas Subseções.

§ 3º O Presidente da Comissão integra a Coordenação Nacional de Exame de Ordem, do Conselho Federal da OAB.

§ 4º Compete ao Presidente do Conselho Seccional designar a Comissão, que pode ser composta por advogados não integrantes do Conselho.

CAPÍTULO V
DA IDENTIDADE PROFISSIONAL

Art. 32. São documentos de identidade profissional a carteira e o cartão emitidos pela OAB, de uso obrigatório pelos advogados e estagiários inscritos, para o exercício de suas atividades.

Parágrafo único. O uso do cartão dispensa o da carteira.

Art. 33. A carteira de identidade do advogado, relativa à inscrição originária, tem as dimensões de 7,00 (sete) x 11,00 (onze) centímetros e observa os seguintes critérios:

I — a capa, em fundo vermelho, contém as armas da República e as expressões "Ordem dos Advogados do Brasil" e "Carteira de Identidade de Advogado";

II — a primeira página repete o conteúdo da capa, acrescentado da expressão "Conselho Seccional de (...)" e do inteiro teor do art. 13 do Estatuto;

III — a segunda página destina-se aos dados de identificação do advogado, na seguinte ordem: número da inscrição, nome, filiação, naturalidade, data do nascimento, nacionalidade, data da colação de grau, data do compromisso e data da expedição, e à assinatura do Presidente do Conselho Seccional;

IV — a terceira página é dividida para os espaços de uma foto 3 (três) x 4 (quatro) centímetros, da impressão digital e da assinatura do portador;

V — as demais páginas, em branco e numeradas, destinam-se ao reconhecimento de firma dos signatários e às anotações da OAB, firmadas pelo Secretário-Geral ou Adjunto, incluindo as incompatibilidades e os impedimentos, o exercício de mandatos, as designações para comissões, as funções na OAB, os serviços relevantes à profissão e os dados da inscrição suplementar, pelo Conselho que a deferir;

VI — a última página destina-se à transcrição do art. 7º do Estatuto.

Parágrafo único. O Conselho Seccional pode delegar a competência do Secretário-Geral ao Presidente da Subseção.

Art. 34. O cartão de identidade tem o mesmo modelo e conteúdo do cartão de identificação pessoal (registro geral), com as seguintes adaptações, segundo o modelo aprovado pela Diretoria do Conselho Federal:

I — o fundo é de cor branca e a impressão dos caracteres e armas da República, de cor vermelha;

II — O anverso contém os seguintes dados, nesta sequência: Ordem dos Advogados do

Brasil, Conselho Seccional de (...), Identidade de Advogado (em destaque), n. da inscrição, nome, filiação, naturalidade, data do nascimento e data da expedição, e a assinatura do Presidente, podendo ser acrescentados os dados de identificação de registro geral, de CPF, eleitoral e outros;

III — O verso destina-se à fotografia, observações e assinatura do portador. *(NR dada pela Resolução n. 4/06. Publicada no DJ 20.11.2006, p. 598, S 1)*

§ 1º No caso de inscrição suplementar o cartão é específico, indicando-se: "N. da Inscrição Suplementar:" (em negrito ou sublinhado).

§ 2º Os Conselhos Federal e Seccionais podem emitir cartão de identidade para os seus membros e para os membros das Subseções, acrescentando, abaixo do termo "Identidade de Advogado", sua qualificação de conselheiro ou dirigente da OAB e, no verso, o prazo de validade, coincidente com o mandato.

Art. 35. O cartão de identidade do estagiário tem o mesmo modelo e conteúdo do cartão de identidade do advogado, com a indicação de "Identidade de Estagiário", em destaque, e do prazo de validade, que não pode ultrapassar três anos nem ser prorrogado.

Parágrafo único. O cartão de identidade do estagiário perde sua validade imediatamente após a prestação do compromisso como advogado.

Art. 36. O suporte material do cartão de identidade é resistente, devendo conter dispositivo para armazenamento de certificado digital. *(NR. Resolução n. 2/07. DJ 19.9.2006, p. 804, S 1)*

CAPÍTULO VI
DAS SOCIEDADES DE ADVOGADOS

Art. 37. Os advogados podem reunir-se, para colaboração profissional recíproca, em sociedade civil de prestação de serviços de advocacia, regularmente registrada no Conselho Seccional da OAB em cuja base territorial tiver sede.

Parágrafo único. As atividades profissionais privativas dos advogados são exercidas individualmente, ainda que revertam à sociedade os honorários respectivos.

Art. 38. O nome completo ou abreviado de, no mínimo, um advogado responsável pela sociedade consta obrigatoriamente da razão social, podendo permanecer o nome de sócio falecido se, no ato constitutivo ou na alteração contratual em vigor, essa possibilidade tiver sido prevista.

Art. 39. A sociedade de advogados pode associar-se com advogados, sem vínculo de emprego, para participação nos resultados.

Parágrafo único. Os contratos referidos neste artigo são averbados no registro da sociedade de advogados.

Art. 40. Os advogados sócios e os associados respondem subsidiária e ilimitadamente pelos danos causados diretamente ao cliente, nas hipóteses de dolo ou culpa e por ação ou omissão, no exercício dos atos privativos da advocacia, sem prejuízo da responsabilidade disciplinar em que possam incorrer.

Art. 41. As sociedades de advogados podem adotar qualquer forma de administração social, permitida a existência de sócios gerentes, com indicação dos poderes atribuídos.

Art. 42. Podem ser praticados pela sociedade de advogados, com uso da razão social, os atos indispensáveis às suas finalidades, que não sejam privativos de advogado.

Art. 43. O registro da sociedade de advogados observa os requisitos e procedimentos previstos em Provimento do Conselho Federal.

TÍTULO II
DA ORDEM DOS ADVOGADOS DO BRASIL — OAB

CAPÍTULO I
DOS FINS E DA ORGANIZAÇÃO

Art. 44. As finalidades da OAB, previstas no art. 44 do Estatuto, são cumpridas pelos Conselhos Federal e Seccionais e pelas Subseções, de modo integrado, observadas suas competências específicas.

Art. 45. A exclusividade da representação dos advogados pela OAB, prevista no art. 44, II, do Estatuto, não afasta a competência própria dos sindicatos e associações sindicais de advogados, quanto à defesa dos direitos peculiares da relação de trabalho do profissional empregado.

Art. 46. Os novos Conselhos Seccionais serão criados mediante Resolução do Conselho Federal.

Art. 47. O patrimônio do Conselho Federal, do Conselho Seccional, da Caixa de Assistência dos Advogados e da Subseção é constituído de bens móveis e imóveis e outros bens e valores que tenham adquirido ou venham a adquirir.

Art. 48. A alienação ou oneração de bens imóveis depende de aprovação do Conselho Federal ou do Conselho Seccional, competindo à Diretoria do órgão decidir pela aquisição de qualquer bem e dispor sobre os bens móveis.

Parágrafo único. A alienação ou oneração de bens imóveis depende de autorização da maioria das delegações, no Conselho Federal, e da maioria dos membros efetivos, no Conselho Seccional.

Art. 49. Os cargos da Diretoria do Conselho Seccional têm as mesmas denominações atribuídas aos da Diretoria do Conselho Federal.

Parágrafo único. Os cargos da Diretoria da Subseção e da Caixa de Assistência dos Advogados têm as seguintes denominações: Presidente, Vice-Presidente, Secretário, Secretário Adjunto e Tesoureiro.

Art. 50. Ocorrendo vaga de cargo de diretoria do Conselho Federal ou do Conselho Seccional, inclusive do Presidente, em virtude de perda do mandato (art. 66 do Estatuto), morte ou renúncia, o substituto é eleito pelo Conselho a que se vincule, dentre os seus membros.

Art. 51. A elaboração das listas constitucionalmente previstas, para preenchimento dos cargos nos tribunais judiciários, é disciplinada em Provimento do Conselho Federal.

Art. 52. A OAB participa dos concursos públicos, previstos na Constituição e nas leis, em todas as suas fases, por meio de representante do Conselho competente, designado pelo Presidente, incumbindo-lhe apresentar relatório sucinto de suas atividades.

Parágrafo único. Incumbe ao representante da OAB velar pela garantia da isonomia e da integridade do certame, retirando-se quando constatar irregularidades ou favorecimentos e comunicando os motivos ao Conselho.

Art. 53. Os conselheiros e dirigentes dos órgãos da OAB tomam posse firmando, juntamente com o Presidente, o termo específico, após prestar o seguinte compromisso:

"Prometo manter, defender e cumprir os princípios e finalidades da OAB, exercer com dedicação e ética as atribuições que me são delegadas e pugnar pela dignidade, independência, prerrogativas e valorização da advocacia."

Art. 54. Compete à Diretoria dos Conselhos Federal e Seccionais, da Subseção ou da Caixa de Assistência declarar extinto o mandato, ocorrendo uma das hipóteses previstas no art. 66 do Estatuto, encaminhando ofício ao Presidente do Conselho Seccional.

§ 1º A Diretoria, antes de declarar extinto o mandato, salvo no caso de morte ou renúncia, ouve o interessado no prazo de quinze dias, notificando-o mediante ofício com aviso de recebimento.

§ 2º Havendo suplentes de Conselheiros, a ordem de substituição é definida no Regimento Interno do Conselho Seccional.

§ 3º Inexistindo suplentes, o Conselho Seccional elege, na sessão seguinte à data do recebimento do ofício, o Conselheiro Federal, o diretor do Conselho Seccional, o Conselheiro Seccional, o diretor da Subseção ou o diretor da Caixa de Assistência dos Advogados, onde se deu a vaga.

§ 4º Na Subseção onde houver conselho, este escolhe o substituto.

CAPÍTULO II
DA RECEITA

Art. 55. Aos inscritos na OAB incumbe o pagamento das anuidades, contribuições, multas e preços de serviços fixados pelo Conselho Seccional.

§ 1º As anuidades previstas no *caput* deste artigo serão fixadas pelo Conselho Seccional até a última sessão ordinária do ano anterior, salvo em ano eleitoral, quando serão determinadas na primeira sessão ordinária após a posse, podendo ser estabelecidos pagamentos em cotas periódicas.

Art. 56. As receitas brutas mensais das anuidades, multas e preços de serviços são deduzidas em quarenta e cinco por cento (45%), para a seguinte destinação:

I — quinze por cento (15%) para o Conselho Federal;

II — cinco por cento (5%) para o fundo cultural;

III — vinte e cinto por cento (25%) para despesas administrativas e manutenção da seccional.

§ 1º O recolhimento das receitas previstas neste artigo efetua-se em agência bancária oficial, com destinação específica e transferência automática e imediata para o Conselho Federal e para a Caixa de Assistência (art. 57), de seus percentuais, nos termos do modelo adotado pelo Diretor-Tesoureiro do Conselho Federal.

§ 2º O Fundo Cultural de que trata o inciso II deste artigo destina-se a fomentar a pesquisa e o aperfeiçoamento da profissão de advogado mediante prêmios de estudos, concursos, cursos, projetos de pesquisa e eventos culturais. (NR)

§ 3º O Fundo Cultural será destinado, prioritariamente, à Escola Superior de Advocacia, ou será gerido pela Diretoria do Conselho Seccional, com auxílio de grupo gestor por esta designado, caso inexista a referida Escola no âmbito estadual. (NR)

§ 4º Qualquer transferência de bens ou recursos de um Conselho Seccional a outro depende de autorização do Conselho Federal.

Art. 57. Cabe à Caixa a metade da receita das anuidades recebidas pelo Conselho Seccional, considerando o valor resultante após as deduções regulamentares obrigatórias.

Art. 58. Compete privativamente ao Conselho Seccional, na primeira sessão ordinária do ano, apreciar o relatório anual e deliberar sobre o balanço e as contas da Diretoria do Conselho Seccional, da Caixa de Assistência dos Advogados e das Subseções, referentes ao exercício anterior, na forma de seu Regimento Interno.

§ 1º O Conselho Seccional elege, dentre seus membros, uma comissão de orçamento e contas para fiscalizar a aplicação da receita e opinar previamente sobre a proposta de orçamento anual e as contas.

§ 2º O Conselho Seccional pode utilizar os serviços de auditoria independente para auxiliar a comissão de orçamento e contas.

§ 3º O exercício financeiro dos Conselhos Federal e Seccionais encerra-se no dia 31 de dezembro de cada ano.

Art. 59. Deixando o cargo, por qualquer motivo, no curso do mandato, os Presidentes do Conselho Federal, do Conselho Seccional, da Caixa de Assistência e da Subseção apresentam, de forma sucinta, relatório e contas ao seu sucessor.

Art. 60. Os Conselhos Seccionais aprovarão seus orçamentos anuais, para o exercício seguinte, até o mês de outubro e o Conselho Federal até a última sessão do ano, permitida a alteração dos mesmos no curso do exercício, mediante justificada necessidade, devidamente aprovada pelos respectivos colegiados.

§ 1º O orçamento do Conselho Seccional fixa a receita, a despesa, a destinação ao fundo cultural e as transferências ao Conselho Federal, à Caixa de Assistência e às Subseções.

§ 2º Aprovado o orçamento e, igualmente, as eventuais suplementações orçamentárias, encaminhar-se-á cópia ao Conselho Federal, até o dia 10 do mês subsequente, para os fins regulamentares.

§ 3º A Caixa de Assistência dos Advogados e as Subseções aprovarão seus orçamentos para o exercício seguinte, até a última sessão do ano.

§ 4º O Conselho Seccional fixa o modelo e os requisitos formais e materiais para o orçamento, o relatório e as contas da Caixa de Assistência e das Subseções.

Art. 61. O relatório, o balanço e as contas dos Conselhos Seccionais e da Diretoria do Conselho Federal, na forma prevista em Provimento, são julgados pela Terceira Câmara do Conselho Federal, com recurso para o Órgão Especial.

§ 1º Cabe à Terceira Câmara fixar os modelos dos orçamentos, balanços e contas da Diretoria do Conselho Federal e dos Conselhos Seccionais.

§ 2º A Terceira Câmara pode determinar a realização de auditoria independente nas contas do Conselho Seccional, com ônus para este, sempre que constatar a existência de graves irregularidades.

§ 3º O relatório, o balanço e as contas dos Conselhos Seccionais do ano anterior serão remetidos à Terceira Câmara até o final do quarto mês do ano seguinte.

§ 4º O relatório, o balanço e as contas da Diretoria do Conselho Federal são apreciados pela Terceira Câmara a partir da primeira sessão ordinária do ano seguinte ao do exercício.

§ 5º Os Conselhos Seccionais só podem pleitear recursos materiais e financeiros ao Conselho Federal se comprovadas as seguintes condições:

a) remessa de cópia do orçamento e das eventuais suplementações orçamentárias, no prazo estabelecido pelo § 2º do art. 60;

b) prestação de contas aprovada na forma regulamentar; e

c) repasse atualizado da receita devida ao Conselho Federal, suspendendo-se o pedido, em caso de controvérsia, até decisão definitiva sobre a liquidez dos valores correspondentes.

CAPÍTULO III
DO CONSELHO FEDERAL

Seção I
Da estrutura e do funcionamento (NR)

Art. 62. O Conselho Federal, órgão supremo da OAB, com sede na Capital da República, compõe-se de um Presidente, dos Conselheiros Federais integrantes das delegações de cada unidade federativa e de seus ex-presidentes.

§ 1º Os ex-presidentes têm direito a voz nas sessões do Conselho, sendo assegurado o direito de voto aos que exerceram mandato antes de 5 de julho de 1994 ou em seu exercício se encontravam naquela data.

§ 2º O Presidente, nas suas relações externas, apresenta-se como Presidente Nacional da OAB.

§ 3º O Presidente do Conselho Seccional tem lugar reservado junto à delegação respectiva e direito a voz em todas as sessões do Conselho e de suas Câmaras.

Art. 63. O Presidente do Instituto dos Advogados Brasileiros e os agraciados com a "Medalha Rui Barbosa" podem participar das sessões do Conselho Pleno, com direito a voz.

Art. 64. O Conselho Federal atua mediante os seguintes órgãos:

I — Conselho Pleno;

II — Órgão Especial do Conselho Pleno;

III — Primeira, Segunda e Terceira Câmaras;

IV — Diretoria;

V — Presidente.

Parágrafo único. Para o desempenho de suas atividades, o Conselho conta também com comissões permanentes, definidas em Provimento, e com comissões temporárias, todas designadas pelo Presidente, integradas ou não por Conselheiros Federais, submetidas a um regimento interno único, aprovado pela Diretoria do Conselho Federal, que o levará ao conhecimento do Conselho Pleno. (NR)

Art. 65. No exercício do mandato, o Conselheiro Federal atua no interesse da advocacia nacional e não apenas no de seus representados diretos.

§ 1º O cargo de Conselheiro Federal é incompatível com o de membro de outros órgãos da OAB, exceto quando se tratar de ex-presidente do Conselho Federal e do Conselho Seccional, ficando impedido de debater e votar as matérias quando houver participado da deliberação local.

§ 2º Na apuração da antiguidade do Conselheiro Federal somam-se todos os períodos de mandato, mesmo que interrompidos.

Art. 66. Considera-se ausente das sessões ordinárias mensais dos órgãos deliberativos do Conselho Federal o Conselheiro que, sem motivo justificado, faltar a qualquer uma.

Parágrafo único. Compete ao Conselho Federal fornecer ajuda de transporte e hospedagem aos Conselheiros Federais integrantes das bancadas dos Conselho Seccionais que não tenham capacidade financeira para suportar a despesa correspondente.

Art. 67. Os Conselheiros Federais, integrantes de cada delegação, após a posse, são distribuídos pelas três Câmaras especializadas, mediante deliberação da própria delegação, comunicada ao Secretário-Geral, ou, na falta desta, por decisão do Presidente, dando-se preferência ao mais antigo no Conselho e, havendo coincidência, ao de inscrição mais antiga.

§ 1º O Conselheiro, na sua delegação, é substituto dos demais, em qualquer órgão do Conselho, nas faltas ou impedimentos ocasionais ou no caso de licença.

§ 2º Quando estiverem presentes dois substitutos, concomitantemente, a preferência é do mais antigo no Conselho e, em caso de coincidência, do que tiver inscrição mais antiga.

§ 3º A delegação indica seu representante ao Órgão Especial do Conselho Pleno.

Art. 68. O voto em qualquer órgão colegiado do Conselho Federal é tomado por delegação, em ordem alfabética, seguido dos ex-presidentes presentes, com direito a voto.

§ 1º Os membros da Diretoria votam como integrantes de suas delegações.

§ 2º O Conselheiro Federal opina mas não participa da votação de matéria de interesse específico da unidade que representa.

§ 3º Na eleição dos membros da Diretoria do Conselho Federal, somente votam os Conselheiros Federais, individualmente. (*NR dada pela Resolução n. 1/06, DJ 4.9.2006, p. 775, S 1*)

Art. 69. A seleção das decisões dos órgãos deliberativos do Conselho Federal é periodicamente divulgada em forma de ementário.

Art. 70. Os órgãos deliberativos do Conselho Federal podem cassar ou modificar atos ou deliberações de órgãos ou autoridades da OAB, ouvidos estes e os interessados previamente, no prazo de quinze dias, contado do recebimento da notificação, sempre que contrariem o Estatuto, este Regulamento Geral, o Código de Ética e Disciplina e os Provimentos.

Art. 71. Toda matéria pertinente às finalidades da OAB é distribuída pelo Presidente do órgão colegiado do Conselho Federal a um relator, com inclusão na pauta da sessão seguinte.

§ 1º Se o relator determinar alguma diligência, o processo é retirado da ordem do dia, figurando em anexo da pauta com indicação da data do despacho.

§ 2º Incumbe ao relator apresentar na sessão seguinte, por escrito, o relatório, o voto e a proposta de ementa.

§ 3º O relator pode determinar diligências, requisitar informações, instaurar representação incidental, propor ao Presidente a redistribuição da matéria e o arquivamento, quando for irrelevante ou impertinente às finalidades da OAB, ou o encaminhamento do processo ao Conselho Seccional competente, quando for de interesse local.

§ 4º Em caso de inevitável perigo de demora da decisão, pode o relator conceder provimento cautelar, com recurso de ofício ao órgão colegiado, para apreciação preferencial na sessão posterior.

§ 5º O relator notifica o Conselho Seccional e os interessados, quando forem necessárias suas manifestações.

§ 6º Compete ao relator manifestar-se sobre as desistências, prescrições, decadências e intempestividades dos recursos, para decisão do Presidente do órgão colegiado.

Art. 72. O relator é substituído se não apresentar o processo para julgamento, no período de três sessões ordinárias sucessivas.

Art. 73. Em caso de matéria complexa, o Presidente designa uma comissão em vez de relator individual.

Parágrafo único. A comissão escolhe um relator e delibera coletivamente, não sendo considerados os votos minoritários para fins de relatório e voto.

Seção II
Do Conselho Pleno

Art. 74. O Conselho Pleno é integrado pelos Conselheiros Federais de cada delegação e pelos ex-presidentes, sendo presidido pelo Presidente do Conselho Federal e secretariado pelo Secretário-Geral.

Art. 75. Compete ao Conselho Pleno deliberar, em caráter nacional, sobre propostas e indicações relacionadas às finalidades institucionais da OAB (art. 44, I, do Estatuto) e sobre as demais atribuições previstas no art. 54 do Estatuto, respeitadas as competências privativas dos demais órgãos deliberativos do Conselho Federal, fixadas neste Regulamento Geral, e ainda:

I — eleger o sucessor dos membros da Diretoria do Conselho Federal, em caso de vacância;

II — regular, mediante resolução, matérias de sua competência que não exijam edição de Provimento;

III — instituir, mediante Provimento, comissões permanentes para assessorar o Conselho Federal e a Diretoria. (NR)

Parágrafo único. O Conselho Pleno pode decidir sobre todas as matérias privativas de seu órgão Especial, quando o Presidente atribuir-lhes caráter de urgência e grande relevância.

Art. 76. As indicações ou propostas são oferecidas por escrito, devendo o Presidente designar relator para apresentar relatório e voto escritos na sessão seguinte, acompanhados, sempre que necessário, de ementa do acórdão.

§ 1º No Conselho Pleno, o Presidente, em caso de urgência e relevância, pode designar relator para apresentar relatório e voto orais na mesma sessão.

§ 2º Quando a proposta importar despesas não previstas no orçamento, pode ser apreciada apenas depois de ouvido o Diretor Tesoureiro quanto às disponibilidades financeiras para sua execução.

Art. 77. O voto da delegação é o de sua maioria, havendo divergência entre seus membros, considerando-se invalidado em caso de empate.

§ 1º O Presidente não integra a delegação de sua unidade federativa de origem e não vota, salvo em caso de empate.

§ 2º Os ex-Presidentes empossados antes de 5 de julho de 1994 têm direito de voto equivalente ao de uma delegação, em todas as matérias.

§ 2º Os ex-Presidentes empossados antes de 5 de julho de 1994 têm direito de voto equivalente ao de uma delegação, em todas as matérias, exceto na eleição dos membros da Diretoria do Conselho Federal. (NR *dada pela Resolução n. 1/06, DJ 4.9.2006, p. 775, S 1*)

Art. 78. Para editar e alterar o Regulamento Geral, o Código de Ética e Disciplina e os Provimentos e para intervir nos Conselhos Seccionais é indispensável o *quorum* de dois terços das delegações.

Parágrafo único. Para as demais matérias prevalece o *quorum* de instalação e de votação estabelecido neste Regulamento Geral.

Art. 79. A proposta que implique baixar normas gerais de competência do Conselho Pleno ou encaminhar projeto legislativo ou emendas aos Poderes competentes somente pode ser deliberada se o relator ou a comissão designada elaborar o texto normativo, a ser remetido aos Conselheiros juntamente com a convocação da sessão.

§ 1º Antes de apreciar proposta de texto normativo, o Conselho Pleno delibera sobre a admissibilidade da relevância da matéria.

§ 2º Admitida a relevância, o Conselho passa a decidir sobre o conteúdo da proposta do texto normativo, observados os seguintes critérios:

a) procede-se à leitura de cada dispositivo, considerando-o aprovado se não houver destaque levantado por qualquer membro ou encaminhado por Conselho Seccional;

b) havendo destaque, sobre ele manifesta-se apenas aquele que o levantou e a comissão relatora ou o relator, seguindo-se a votação.

§ 3º Se vários membros levantarem destaque sobre o mesmo ponto controvertido, um, dentre eles, é eleito como porta-voz.

§ 4º Se o texto for totalmente rejeitado ou prejudicado pela rejeição, o Presidente designa novo relator ou comissão revisora para redigir outro.

Art. 80. A OAB pode participar e colaborar em eventos internacionais, de interesse da advocacia, mas somente se associa a organismos internacionais que congreguem entidades congêneres.

Parágrafo único. Os Conselhos Seccionais podem representar a OAB em geral ou os advogados brasileiros em eventos internacionais ou no exterior, quando autorizados pelo Presidente Nacional.

Art. 81. Constatando grave violação do Estatuto ou deste Regulamento Geral, a Diretoria do Conselho Federal notifica o Conselho Seccional para apresentar defesa e, havendo necessidade, designa representantes para promover verificação ou sindicância, submetendo o relatório ao Conselho Pleno.

§ 1º Se o relatório concluir pela intervenção, notifica-se o Conselho Seccional para apresentar defesa por escrito e oral perante o Conselho Pleno, no prazo e tempo fixados pelo Presidente.

§ 2º Se o Conselho Pleno decidir pela intervenção, fixa prazo determinado, que pode ser prorrogado, cabendo à Diretoria designar diretoria provisória.

§ 3º Ocorrendo obstáculo imputável à Diretoria do Conselho Seccional para a sindicância, ou no caso de irreparabilidade do perigo pela demora, o Conselho Pleno pode aprovar liminarmente a intervenção provisória.

Art. 82. As indicações de ajuizamento de ação direta de inconstitucionalidade submetem-se ao juízo prévio de admissibilidade da Diretoria para aferição da relevância da defesa dos princípios e normas constitucionais e, sendo admitidas, observam o seguinte procedimento:

I — o relator, designado pelo Presidente, independentemente da decisão da Diretoria, pode levantar preliminar de inadmissibilidade perante o Conselho Pleno, quando não encontrar norma ou princípio constitucional violados pelo ato normativo;

II — aprovado o ajuizamento da ação, esta será proposta pelo Presidente do Conselho Federal; (NR)

III — cabe à assessoria do Conselho acompanhar o andamento da ação.

§ 1º Em caso de urgência que não possa aguardar a sessão ordinária do Conselho Pleno, ou durante o recesso do Conselho Federal, a Diretoria decide quanto ao mérito, *ad referendum* daquele.

§ 2º Quando a indicação for subscrita por Conselho Seccional da OAB, por entidade de caráter nacional ou por delegação do Conselho Federal, a matéria não se sujeita ao juízo de admissibilidade da Diretoria.

Art. 83. Compete à Comissão de Ensino Jurídico do Conselho Federal opinar previamente nos pedidos para criação, reconhecimento e credenciamento dos cursos jurídicos referidos no art. 54, XV, do Estatuto.

§ 1º O Conselho Seccional em cuja área de atuação situar-se a instituição de ensino superior interessada será ouvido, preliminarmente, nos processos que tratem das matérias referidas neste artigo, devendo a seu respeito manifestar-se no prazo de 30 (trinta) dias. *(NR. Resolução n. 3/06 DJ 3.10.2006, p. 856, S 1)*

§ 2º A manifestação do Conselho Seccional terá em vista, especialmente, os seguintes aspectos: *(NR. Resolução n. 3/06 DJ 3.10.2006, p. 856, S 1)*

a) a verossimilhança do projeto pedagógico do curso, em face da realidade local;

b) a necessidade social da criação do curso, aferida em função dos critérios estabelecidos pela Comissão de Ensino Jurídico do Conselho Federal;

c) a situação geográfica do município sede do curso, com indicação de sua população e das condições de desenvolvimento cultural e econômico que apresente, bem como da distância em relação ao município mais próximo onde haja curso jurídico;

d) as condições atuais das instalações físicas destinadas ao funcionamento do curso;

e) a existência de biblioteca com acervo adequado, a que tenham acesso direto os estudantes.

§ 3º A manifestação do Conselho Seccional deverá informar sobre cada um dos itens mencionados no parágrafo anterior, abstendo-se, porém, de opinar, conclusivamente, sobre a conveniência ou não da criação do curso. *(NR. Resolução n. 3006 DJ 3.10.2006, p. 856, S 1)*

§ 4º O Conselho Seccional encaminhará sua manifestação diretamente à Comissão de Ensino Jurídico do Conselho Federal, dela não devendo fornecer cópia à instituição interessada ou a terceiro antes do pronunciamento final do Conselho Federal. (NR. Resolução n. 3/06 DJ 3.10.2006, p. 856, S 1)

Seção III
Do Órgão Especial do Conselho Pleno

Art. 84. O Órgão Especial é composto por um Conselheiro Federal integrante de cada delegação, sem prejuízo de sua participação no Conselho Pleno, e pelos ex-Presidentes, sendo presidido pelo Vice-Presidente e secretariado pelo Secretário-Geral Adjunto.

Parágrafo único. O Presidente do Órgão Especial, além de votar por sua delegação, tem o voto de qualidade, no caso de empate.

Art. 85. Compete ao Órgão Especial deliberar, privativamente e em caráter irrecorrível, sobre:

I — recurso contra decisões das Câmaras, quando não tenham sido unânimes ou, sendo unânimes, contrariem o Estatuto, este Regulamento Geral, o Código de Ética e Disciplina e os Provimentos;

II — recurso contra decisões do Presidente ou da Diretoria do Conselho Federal e do Presidente do Órgão Especial;

III — consultas escritas, formuladas em tese, relativas às matérias de competência das Câmaras especializadas ou à interpretação do Estatuto, deste Regulamento Geral, do Código de Ética e Disciplina e dos Provimentos, devendo todos os Conselhos Seccionais ser cientificados do conteúdo das respostas; (NR)

IV — conflitos ou divergências entre órgãos da OAB;

V — determinação ao Conselho Seccional competente para instaurar processo, quando, em autos ou peças submetidos ao conhecimento do Conselho Federal, encontrar fato que constitua infração disciplinar.

§ 1º Os recursos ao Órgão Especial podem ser manifestados pelo Presidente do Conselho Federal, pelas partes ou pelos recorrentes originários.

§ 2º O relator pode propor ao Presidente do Órgão Especial o arquivamento da consulta, quando não se revestir de caráter geral ou não tiver pertinência com as finalidades da OAB, ou o seu encaminhamento ao Conselho Seccional, quando a matéria for de interesse local.

Art. 86. A decisão do Órgão Especial constitui orientação dominante da OAB sobre a matéria, quando consolidada em súmula publicada na imprensa oficial.

Seção IV
Das Câmaras

Art. 87. As Câmaras são presididas:

I — a Primeira, pelo Secretário-Geral;

II — a Segunda, pelo Secretário-Geral Adjunto;

III — a Terceira, pelo Tesoureiro.

§ 1º Os Secretários das Câmaras são designados, dentre seus integrantes, por seus Presidentes.

§ 2º Nas suas faltas e impedimentos, os Presidentes e Secretários das Câmaras são substituídos pelos Conselheiros mais antigos e, havendo coincidência, pelos de inscrição mais antiga.

§ 3º O Presidente da Câmara, além de votar por sua delegação, tem o voto de qualidade, no caso de empate.

Art. 88. Compete à Primeira Câmara:

I — decidir os recursos sobre:

a) atividade de advocacia e direitos e prerrogativas dos advogados e estagiários;

b) inscrição nos quadros da OAB;

c) incompatibilidades e impedimentos.

II — expedir resoluções regulamentando o Exame de Ordem, para garantir sua eficiência e padronização nacional, ouvida a Comissão Nacional de Exame de Ordem; (NR)

III — julgar as representações sobre as matérias de sua competência;

IV — propor, instruir e julgar os incidentes de uniformização de decisões de sua competência.

V — determinar ao Conselho Seccional competente a instauração de processo quando, em autos ou peças submetidas ao seu julgamento, tomar conhecimento de fato que constitua infração disciplinar;

VI — julgar os recursos interpostos contra decisões de seu Presidente.

Art. 89. Compete à Segunda Câmara:

I — decidir os recursos sobre ética e deveres do advogado, infrações e sanções disciplinares;

II — promover em âmbito nacional a ética do advogado, juntamente com os Tribunais de Ética e Disciplina, editando resoluções regulamentares ao Código de Ética e Disciplina.

III — julgar as representações sobre as matérias de sua competência;

IV — propor, instruir e julgar os incidentes de uniformização de decisões de sua competência;

V — determinar ao Conselho Seccional competente a instauração de processo quando, em autos ou peças submetidas ao seu julgamento, tomar conhecimento de fato que constitua infração disciplinar;

VI — julgar os recursos interpostos contra decisões de seu Presidente;

VII — eleger, dentre seus integrantes, os membros da Corregedoria do Processo Disciplinar, em número máximo de três, com atribuição, em caráter nacional, de orientar e fiscalizar a tramitação dos processos disciplinares de competência da OAB, podendo, para tanto, requerer informações e realizar diligências, elaborando relatório anual dos processos em trâmite no Conselho Federal e nos Conselhos Seccionais e Subseções.

Art. 90. Compete à Terceira Câmara:

I — decidir os recursos relativos à estrutura, aos órgãos e ao processo eleitoral da OAB;

II — decidir os recursos sobre sociedades de advogados, advogados associados e advogados empregados;

III — apreciar os relatórios anuais e deliberar sobre o balanço e as contas da Diretoria do Conselho Federal e dos Conselhos Seccionais;

IV — suprir as omissões ou regulamentar as normas aplicáveis às Caixas de Assistência dos Advogados, inclusive mediante resoluções;

V — modificar ou cancelar, de ofício ou a pedido de qualquer pessoa, dispositivo do Regimento Interno do Conselho Seccional que contrarie o Estatuto ou este Regulamento Geral;

VI — julgar as representações sobre as matérias de sua competência;

VII — propor, instruir e julgar os incidentes de uniformização de decisões de sua competência;

VIII — determinar ao Conselho Seccional competente a instauração de processo quando, em autos ou peças submetidas ao seu julgamento, tomar conhecimento de fato que constitua infração disciplinar;

IX — julgar os recursos interpostos contra decisões de seu Presidente.

Seção V
Das Sessões

Art. 91. Os órgãos colegiados do Conselho Federal reúnem-se ordinariamente nos meses de fevereiro a junho e de agosto a dezembro de cada ano, em sua sede no Distrito Federal, nas datas fixadas pela Diretoria.

§ 1º Em caso de urgência ou nos períodos de recesso (janeiro e julho), o Presidente ou um terço das delegações do Conselho Federal pode convocar sessão extraordinária.

§ 2º A sessão extraordinária, em caráter excepcional e de grande relevância, pode ser convocada para local diferente da sede do Conselho Federal.

§ 3º As convocações para as sessões ordinárias são acompanhadas de minuta da ata da sessão anterior e dos demais documentos necessários.

Art. 92. Para instalação e deliberação dos órgãos colegiados do Conselho Federal da OAB exige-se a presença de metade das delegações, salvo nos casos de *quorum* qualificado, previsto neste Regulamento Geral.

§ 1º A deliberação é tomada pela maioria de votos dos presentes.

§ 2º Comprova-se a presença pela assinatura no documento próprio, sob controle do Secretário da sessão.

§ 3º Qualquer membro presente pode requerer a verificação do *quorum*, por chamada.

§ 4º A ausência à sessão, depois da assinatura de presença, não justificada ao Presidente, é contada para efeito de perda do mandato.

Art. 93. Nas sessões observa-se a seguinte ordem:

I — verificação do *quorum* e abertura;

II — leitura, discussão e aprovação da ata da sessão anterior;

III — comunicações do Presidente;

IV — ordem do dia;

V — expediente e comunicações dos presentes.

Parágrafo único. A ordem dos trabalhos ou da pauta pode ser alterada pelo Presidente, em caso de urgência ou de pedido de preferência.

Art. 94. O julgamento de qualquer processo ocorre do seguinte modo:

I — leitura do relatório, do voto e da proposta de ementa do acórdão, todos escritos, pelo relator;

II — sustentação oral pelo interessado ou seu advogado, no prazo de quinze minutos, tendo o respectivo processo preferência no julgamento;

III — discussão da matéria, dentro do prazo máximo fixado pelo Presidente, não podendo cada Conselheiro fazer uso da palavra mais de uma vez nem por mais de três minutos, salvo se lhe for concedida prorrogação;

IV — votação da matéria, não sendo permitidas questões de ordem ou justificativa oral de voto, precedendo as questões prejudiciais e preliminares às de mérito;

V — proclamação do resultado pelo Presidente, com leitura da súmula da decisão.

§ 1º Os apartes só serão admitidos quando concedidos pelo orador. Não será admitido aparte: (NR)

a) à palavra do Presidente;

b) ao Conselheiro que estiver suscitando questão de ordem.

§ 2º Se durante a discussão o Presidente julgar que a matéria é complexa e não se encontra suficientemente esclarecida, suspende o julgamento, designando revisor para sessão seguinte.

§ 3º A justificação escrita do voto pode ser encaminhada à Secretaria até quinze dias após a votação da matéria.

§ 4º O Conselheiro pode pedir preferência para antecipar seu voto se necessitar ausentar-se justificadamente da sessão.

§ 5º O Conselheiro pode eximir-se de votar se não tiver assistido à leitura do relatório.

§ 6º O relatório e o voto do relator, na ausência deste, são lidos pelo Secretário.

§ 7º Vencido o relator, o autor do voto vencedor lavra o acórdão.

Art. 95. O pedido justificado de vista por qualquer Conselheiro, quando não for em mesa, não adia a discussão, sendo deliberado como preliminar antes da votação da matéria.

Parágrafo único. A vista concedida é coletiva, permanecendo os autos do processo na Secretaria, com envio de cópias aos que as solicitarem, devendo a matéria ser julgada na sessão ordinária seguinte, com preferência sobre as demais, ainda que ausentes o relator ou o Conselheiro requerente.

Art. 96. As decisões coletivas são formalizadas em acórdãos, assinados pelo Presidente e pelo relator, e publicadas.

§ 1º As manifestações gerais do Conselho Pleno podem dispensar a forma de acórdão.

§ 2º As ementas têm numeração sucessiva e anual, relacionada ao órgão deliberativo.

Art. 97. As pautas e decisões são publicadas na Imprensa Oficial, ou comunicadas pessoalmente aos interessados, e afixadas em local de fácil acesso na sede do Conselho Federal. (NR)

Seção VI
Da Diretoria do Conselho Federal

Art. 98. O Presidente é substituído em suas faltas, licenças e impedimentos pelo Vice-Presidente, pelo Secretário-Geral, pelo Secretário-Geral Adjunto e pelo Tesoureiro, sucessivamente.

§ 1º O Vice-Presidente, o Secretário-Geral, o Secretário-Geral Adjunto e o Tesoureiro substituem-se nessa ordem, em suas faltas e impedimentos ocasionais, sendo o último substituído pelo Conselheiro Federal mais antigo e, havendo coincidência de mandatos, pelo de inscrição mais antiga.

§ 2º No caso de licença temporária, o Diretor é substituído pelo Conselheiro designado pelo Presidente.

§ 3º No caso de vacância de cargo da Diretoria, em virtude de perda do mandato, morte ou renúncia, o sucessor é eleito pelo Conselho Pleno.

Art. 99. Compete à Diretoria, coletivamente:

I — dar execução às deliberações dos órgãos deliberativos do Conselho;

II — elaborar e submeter à Terceira Câmara, na forma e prazo estabelecidos neste Regulamento Geral, o orçamento anual da receita e da despesa, o relatório anual, o balanço e as contas;

III — elaborar estatística anual dos trabalhos e julgados do Conselho;

IV — distribuir e redistribuir as atribuições e competências entre os seus membros;

V — elaborar e aprovar o plano de cargos e salários e a política de administração de pessoal do Conselho, propostos pelo Secretário-Geral;

VI — promover assistência financeira aos órgãos da OAB, em caso de necessidade comprovada e de acordo com previsão orçamentária;

VII — definir critérios para despesas com transporte e hospedagem dos Conselheiros, membros das comissões e convidados;

VIII — alienar ou onerar bens móveis;

IX — resolver os casos omissos no Estatuto e no Regulamento Geral, *ad referendum* do Conselho Pleno.

Art. 100. Compete ao Presidente:

I — representar a OAB em geral e os advogados brasileiros, no país e no exterior, em juízo ou fora dele;

II — representar o Conselho Federal, em juízo ou fora dele;

III — convocar e presidir o Conselho Federal e executar suas decisões;

IV — adquirir, onerar e alienar bens imóveis, quando autorizado, e administrar o patrimônio do Conselho Federal, juntamente com o Tesoureiro;

V — aplicar penas disciplinares, no caso de infração cometida no âmbito do Conselho Federal;

VI — assinar, com o Tesoureiro, cheques e ordens de pagamento;

VII — executar e fazer executar o Estatuto e a legislação complementar.

Art. 101. Compete ao Vice-Presidente:

I — presidir o órgão Especial e executar suas decisões;

II — executar as atribuições que lhe forem cometidas pela Diretoria ou delegadas, por portaria, pelo Presidente.

Art. 102. Compete ao Secretário-Geral:

I — presidir a Primeira Câmara e executar suas decisões;

II — dirigir todos os trabalhos de Secretaria do Conselho Federal;

III — secretariar as sessões do Conselho Pleno;

IV — manter sob sua guarda e inspeção todos os documentos do Conselho Federal;

V — controlar a presença e declarar a perda de mandato dos Conselheiros Federais;

VI — executar a administração do pessoal do Conselho Federal;

VII — emitir certidões e declarações do Conselho Federal.

Art. 103. Compete ao Secretário-Geral Adjunto:

I — presidir a Segunda Câmara e executar suas decisões;

II — organizar e manter o cadastro nacional dos advogados e estagiários, requisitando os dados e informações necessários aos Conselhos Seccionais e promovendo as medidas necessárias;

III — executar as atribuições que lhe forem cometidas pela Diretoria ou delegadas pelo Secretário-Geral;

IV — secretariar o órgão Especial.

Art. 104. Compete ao Tesoureiro:

I — presidir a Terceira Câmara e executar suas decisões;

II — manter sob sua guarda os bens e valores e o almoxarifado do Conselho;

III — administrar a Tesouraria, controlar e pagar todas as despesas autorizadas e assinar cheques e ordens de pagamento com o Presidente;

IV — elaborar a proposta de orçamento anual, o relatório, os balanços e as contas mensais e anuais da Diretoria;

V — propor à Diretoria a tabela de custas do Conselho Federal;

VI — fiscalizar e cobrar as transferências devidas pelos Conselhos Seccionais ao Conselho Federal, propondo à Diretoria a intervenção nas Tesourarias dos inadimplentes;

VII — manter inventário dos bens móveis e imóveis do Conselho Federal, atualizado anualmente;

VIII — receber e dar quitação dos valores recebidos pelo Conselho Federal.

§ 1º Em casos imprevistos, o Tesoureiro pode realizar despesas não constantes do orçamento anual, quando autorizadas pela Diretoria.

§ 2º Cabe ao Tesoureiro propor à Diretoria o regulamento para aquisições de material de consumo e permanente.

CAPÍTULO IV
DO CONSELHO SECCIONAL

Art. 105. Compete ao Conselho Seccional, além do previsto nos arts. 57 e 58 do Estatuto:

I — cumprir o disposto nos incisos I, II e III do art. 54 do Estatuto;

II — adotar medidas para assegurar o regular funcionamento das Subseções;

III — intervir, parcial ou totalmente, nas Subseções e na Caixa de Assistência dos Advogados, onde e quando constatar grave violação do Estatuto, deste Regulamento Geral e do Regimento Interno do Conselho Seccional;

IV — cassar ou modificar, de ofício ou mediante representação, qualquer ato de sua diretoria e dos demais órgãos executivos e deliberativos, da diretoria ou do conselho da Subseção e da diretoria da Caixa de Assistência dos Advogados, contrários ao Estatuto, ao Regulamento Geral, aos Provimentos, ao Código de Ética e Disciplina, ao seu Regimento Interno e às suas Resoluções;

V — ajuizar, após deliberação:

a) ação direta de inconstitucionalidade de leis ou atos normativos estaduais e municipais, em face da Constituição Estadual ou da Lei Orgânica do Distrito Federal;

b) ação civil pública, para defesa de interesses difusos de caráter geral e coletivos e individuais homogêneos; (NR)

c) mandado de segurança coletivo, em defesa de seus inscritos, independentemente de autorização pessoal dos interessados;

d) mandado de injunção, em face da Constituição Estadual ou da Lei Orgânica do Distrito Federal.

Parágrafo único. O ajuizamento é decidido pela Diretoria, no caso de urgência ou recesso do Conselho Seccional.

Art. 106. Os Conselhos Seccionais são compostos de conselheiros eleitos, incluindo os membros da Diretoria, proporcionalmente ao número de advogados com inscrição concedida, observados os seguintes critérios:

I — abaixo de 3.000 (três mil) inscritos, até 24 (vinte e quatro) membros;

II — a partir de 3.000 (três mil) inscritos, mais um membro por grupo completo de 3.000 (três mil) inscritos, até o total de 60 membros.

§ 1º Cabe ao Conselho Seccional, observado o número da última inscrição concedida, fixar o número de seus membros, mediante resolução, sujeita a referendo do Conselho Federal, que aprecia a base de cálculo e reduz o excesso, se houver.

§ 2º O Conselho Seccional, a delegação do Conselho Federal, a diretoria da Caixa de Assistência dos Advogados, a diretoria e o conselho da Subseção podem ter suplentes, eleitos na chapa vencedora, até o número máximo de metade de suas composições.

§ 3º Não se incluem no cálculo da composição dos elegíveis ao Conselho seus ex-Presidentes e o Presidente do Instituto dos Advogados.

Art. 107. Todos os órgãos vinculados ao Conselho Seccional reúnem-se, ordinariamente, nos meses de fevereiro a dezembro, em suas sedes, e para a sessão de posse no mês de janeiro do primeiro ano do mandato.

§ 1º Em caso de urgência ou nos períodos de recesso (janeiro e julho), os Presidentes dos órgãos ou um terço de seus membros podem convocar sessão extraordinária.

§ 2º As convocações para as sessões ordinárias são acompanhadas de minuta da ata da sessão anterior e dos demais documentos necessários.

Art. 108. Para aprovação ou alteração do Regimento Interno do Conselho, de criação e intervenção em Caixa de Assistência dos Advogados e Subseções e para aplicação da pena de exclusão de inscrito é necessário *quorum* de presença de dois terços dos conselheiros.

§ 1º Para as demais matérias exige-se *quorum* de instalação e deliberação de metade dos membros de cada órgão deliberativo, não se computando no cálculo os ex-Presidentes presentes, com direito a voto.

§ 2º A deliberação é tomada pela maioria dos votos dos presentes, incluindo os ex--Presidentes com direito a voto.

§ 3º Comprova-se a presença pela assinatura no documento próprio, sob controle do Secretário da sessão.

§ 4º Qualquer membro presente pode requerer a verificação do *quorum*, por chamada.

§ 5º A ausência à sessão depois da assinatura de presença, não justificada ao Presidente, é contada para efeito de perda do mandato.

Art. 109. O Conselho Seccional pode dividir--se em órgãos deliberativos e instituir comissões especializadas, para melhor desempenho de suas atividades.

§ 1º Os órgãos do Conselho podem receber a colaboração gratuita de advogados não conselheiros, inclusive para instrução processual, considerando-se função relevante em benefício da advocacia.

§ 2º No Conselho Seccional e na Subseção que disponha de conselho é obrigatória a instalação e o funcionamento da Comissão de Direitos Humanos, da Comissão de Orçamento e Contas e da Comissão de Estágio e Exame de Ordem.

§ 3º Os suplentes podem desempenhar atividades permanentes e temporárias, na forma do Regimento Interno.

Art. 110. Os relatores dos processos em tramitação no Conselho Seccional têm competência para instrução, podendo ouvir depoimentos, requisitar documentos, determinar diligências e propor o arquivamento ou outra providência porventura cabível ao Presidente do órgão colegiado competente.

Art. 111. O Conselho Seccional fixa tabela de honorários advocatícios, definindo as referências mínimas e as proporções, quando for o caso.

Parágrafo único. A tabela é amplamente divulgada entre os inscritos e encaminhada ao Poder Judiciário para os fins do art. 22 do Estatuto.

Art. 112. O Exame de Ordem é organizado pela Comissão de Estágio e Exame de Ordem do Conselho Seccional, na forma do Provimento e das Resoluções do Conselho Federal, segundo padrão nacional uniforme de qualidade, critérios e programas.

§ 1º Cabe à Comissão fixar o calendário anual do Exame.

§ 2º O recurso contra decisão da Comissão ao Conselho Seccional observa os critérios previstos no Provimento do Conselho Federal e no regulamento do Conselho Seccional.

Art. 113. O Regimento Interno do Conselho Seccional define o procedimento de intervenção total ou parcial nas Subseções e na Caixa de Assistência dos Advogados, observados os critérios estabelecidos neste Regulamento Geral para a intervenção no Conselho Seccional.

Art. 114. Os Conselhos Seccionais definem nos seus Regimentos Internos a composição, o modo de eleição e o funcionamento dos Tribunais de Ética e Disciplina, observados os procedimentos do Código de Ética e Disciplina.

§ 1º Os membros dos Tribunais de Ética e Disciplina, inclusive seus Presidentes, são eleitos na primeira sessão ordinária após a posse dos Conselhos Seccionais, dentre os seus integrantes ou advogados de notável reputação ético-profissional, observados os mesmos requisitos para a eleição do Conselho Seccional.

§ 2º O mandato dos membros dos Tribunais de Ética e Disciplina tem a duração de três anos.

§ 3º Ocorrendo qualquer das hipóteses do art. 66 do Estatuto, o membro do Tribunal de Ética e Disciplina perde o mandato antes do seu término, cabendo ao Conselho Seccional eleger o substituto.

CAPÍTULO V
DAS SUBSEÇÕES

Art. 115. Compete às subseções dar cumprimento às finalidades previstas no art. 61 do Estatuto e neste Regulamento Geral.

Art. 116. O Conselho Seccional fixa, em seu orçamento anual, dotações específicas para as subseções, e as repassa segundo programação financeira aprovada ou em duodécimos.

Art. 117. A criação de Subseção depende, além da observância dos requisitos estabelecidos no Regimento Interno do Conselho Seccional, de estudo preliminar de viabilidade realizado por comissão especial designada pelo Presidente do Conselho Seccional, incluindo o número de advogados efetivamente residentes na base territorial, a existência de comarca judiciária, o levantamento e a perspectiva do mercado de trabalho, o custo de instalação e de manutenção.

Art. 118. A resolução do Conselho Seccional que criar a Subseção deve:

I — fixar sua base territorial;

II — definir os limites de suas competências e autonomia;

III — fixar a data da eleição da diretoria e do conselho, quando for o caso, e o início do mandato com encerramento coincidente com o do Conselho Seccional;

IV — definir a composição do conselho da Subseção e suas atribuições, quando for o caso.

§ 1º Cabe à Diretoria do Conselho Seccional encaminhar cópia da resolução ao Conselho Federal, comunicando a composição da diretoria e do conselho.

§ 2º Os membros da diretoria da Subseção integram seu conselho, que tem o mesmo Presidente.

Art. 119. Os conflitos de competência entre subseções e entre estas e o Conselho Seccional são por este decididos, com recurso voluntário ao Conselho Federal.

Art. 120. Quando a Subseção dispuser de conselho, o Presidente deste designa um de seus membros, como relator, para instruir processo de inscrição no quadro da OAB, para os residentes em sua base territorial, ou processo disciplinar, quando o fato tiver ocorrido na sua base territorial.

§ 1º Os relatores dos processos em tramitação na Subseção têm competência para instrução, podendo ouvir depoimentos, requisitar documentos, determinar diligências e propor o arquivamento ou outra providência ao Presidente.

§ 2º Concluída a instrução do pedido de inscrição, o relator submete parecer prévio ao conselho da Subseção, que pode ser acompanhado pelo relator do Conselho Seccional.

§ 3º Concluída a instrução do processo disciplinar, nos termos previstos no Estatuto e no Código de Ética e Disciplina, o relator emite parecer prévio, o qual, se homologado pelo Conselho da Subseção, é submetido ao julgamento do Tribunal de Ética e Disciplina.

§ 4º Os demais processos, até mesmo os relativos à atividade de advocacia, incompatibilidades e impedimentos, obedecem a procedimento equivalente.

CAPÍTULO VI
DAS CAIXAS DE ASSISTÊNCIA DOS ADVOGADOS

Art. 121. As Caixas de Assistência dos Advogados são criadas mediante aprovação e registro de seus estatutos pelo Conselho Seccional.

Art. 122. O estatuto da Caixa define as atividades da Diretoria e a sua estrutura organizacional.

§ 1º A Caixa pode contar com departamentos específicos, integrados por profissionais designados por sua Diretoria.

§ 2º O plano de empregos e salários do pessoal da Caixa é aprovado por sua Diretoria e homologado pelo Conselho Seccional.

Art. 123. A assistência aos inscritos na OAB é definida no estatuto da Caixa e está condicionada à:

I — regularidade do pagamento, pelo inscrito, da anuidade à OAB;

II — carência de um ano, após o deferimento da inscrição;

III — disponibilidade de recursos da Caixa.

Parágrafo único. O estatuto da Caixa pode prever a dispensa dos requisitos de que cuidam os incisos I e II, em casos especiais.

Art. 124. A seguridade complementar pode ser implementada pela Caixa, segundo dispuser seu estatuto.

Art. 125. As Caixas promovem entre si convênios de colaboração e execução de suas finalidades.

Art. 126. A Coordenação Nacional das Caixas, por elas mantida, composta de seus presidentes, é órgão de assessoramento do Conselho Federal da OAB para a política nacional de assistência e seguridade dos advogados, tendo seu Coordenador direito a voz nas sessões, em matéria a elas pertinente.

Art. 127. O Conselho Federal pode constituir fundos nacionais de seguridade e assistência dos advogados, coordenados pelas Caixas, ouvidos os Conselhos Seccionais.

CAPÍTULO VII
DAS ELEIÇÕES

Art. 128. O Conselho Seccional, até sessenta dias antes do dia 15 de novembro do último ano do mandato, convocará os advogados inscritos para a votação obrigatória, mediante edital resumido, publicado na imprensa oficial, do qual constarão, dentre outros, os seguintes itens: (NR)

I — dia da eleição, na segunda quinzena de novembro, dentro do prazo contínuo de oito horas, com início fixado pelo Conselho Seccional;

II — prazo para o registro das chapas, na Secretaria do Conselho, até trinta dias antes da votação;

III — modo de composição da chapa, incluindo o número de membros do Conselho Seccional;

IV — prazo de três dias úteis, tanto para a impugnação das chapas quanto para a defesa, após o encerramento do prazo do pedido de registro (item II), e de cinco dias úteis para a decisão da Comissão Eleitoral;

V — nominata dos membros da Comissão Eleitoral escolhida pela Diretoria;

VI — locais de votação;

VII — referência a este capítulo do Regulamento Geral, cujo conteúdo estará à disposição dos interessados.

§ 1º O edital define se as chapas concorrentes às Subseções são registradas nestas ou na Secretaria do próprio Conselho.

§ 2º Cabe aos Conselhos Seccionais promover ampla divulgação das eleições, em seus meios de comunicação, não podendo recusar a publicação, em condições de absoluta igualdade, do programa de todas as chapas. (NR)

§ 3º Mediante requerimento escrito de candidato devidamente registrado, o Conselho Seccional ou a Subseção fornecerão, em 72 (setenta e duas) horas, listagem atualizada com nome e endereço, inclusive endereço eletrônico, dos advogados. *(NR. Parágrafo com alteração publicada no DJ 9.12.2005, p. 664, S. 1)*

§ 4º A listagem a que se refere o § 3º será fornecida mediante o pagamento das taxas fixadas pelo Conselho Seccional, não se admitindo mais de um requerimento por chapa concorrente.

Art. 129. A Comissão Eleitoral é composta de cinco advogados, sendo um Presidente, que não integrem qualquer das chapas concorrentes.

§ 1º A Comissão Eleitoral utiliza os serviços das Secretarias do Conselho Seccional e das subseções, com o apoio necessário de suas Diretorias, convocando ou atribuindo tarefas aos respectivos servidores.

§ 2º No prazo de cinco dias úteis, após a publicação do edital de convocação das eleições, qualquer advogado pode arguir a suspeição de membro da Comissão Eleitoral, a ser julgada pelo Conselho Seccional.

§ 3º A Comissão Eleitoral pode designar Subcomissões para auxiliar suas atividades nas subseções.

§ 4º As mesas eleitorais são designadas pela Comissão Eleitoral.

§ 5º A Diretoria do Conselho Seccional pode substituir os membros da Comissão Eleitoral quando, comprovadamente, não estejam cumprindo suas atividades, em prejuízo da organização e da execução das eleições.

Art. 130. Contra decisão da Comissão Eleitoral cabe recurso ao Conselho Seccional, no prazo de quinze dias, e deste para o Conselho Federal, no mesmo prazo, ambos sem efeito suspensivo.

Art. 131. São admitidas a registro apenas chapas completas, com indicação dos candidatos aos cargos de diretoria do Conselho Seccional, de conselheiros seccionais, de conselheiros federais, de diretoria da Caixa de Assistência dos Advogados e de suplentes, se houver, sendo vedadas candidaturas isoladas ou que integrem mais de uma chapa.

§ 1º O requerimento de inscrição, dirigido ao Presidente da Comissão Eleitoral, é subscrito pelo candidato a Presidente, contendo nome completo, número de inscrição na OAB e endereço profissional de cada candidato, com indicação do cargo a que concorre, acompanhado das autorizações escritas dos integrantes da chapa.

§ 2º Somente integra chapa o candidato que, cumulativamente:

a) seja advogado regularmente inscrito na respectiva Seccional da OAB, com inscrição principal ou suplementar;

b) esteja em dia com as anuidades;

c) não ocupe cargos ou funções incompatíveis com a advocacia, referidos no art. 28 do Estatuto, em caráter permanente ou temporário, ressalvado o disposto no art. 83 da mesma Lei;

d) não ocupe cargos ou funções dos quais possa ser exonerável *ad nutum*, mesmo que compatíveis com a advocacia;

e) não tenha sido condenado por qualquer infração disciplinar, com decisão transitada em julgado, salvo se reabilitado pela OAB;

f) exerça efetivamente a profissão, há mais de cinco anos, excluído o período de estagiário, sendo facultado à Comissão Eleitoral exigir a devida comprovação;

g) não esteja em débito com a prestação de contas ao Conselho Federal, no caso de ser dirigente do Conselho Seccional.

§ 3º A Comissão Eleitoral publica no quadro de avisos das Secretarias do Conselho Seccional e das subseções a composição das chapas com registro requerido, para fins de impugnação por qualquer advogado inscrito.

§ 4º A Comissão Eleitoral suspende o registro da chapa incompleta ou que inclua candidato inelegível na forma do § 2º, concedendo ao candidato a Presidente do Conselho Seccional prazo improrrogável de cinco dias úteis para sanar a irregularidade, devendo a Secretaria e a Tesouraria do Conselho ou da Subseção prestar as informações necessárias.

§ 5º A chapa é registrada com denominação própria, observada a preferência pela ordem de apresentação dos requerimentos, não podendo as seguintes utilizar termos, símbolos ou expressões iguais ou assemelhados.

§ 6º Em caso de desistência, morte ou inelegibilidade de qualquer integrante da chapa, a substituição pode ser requerida, sem alteração da cédula única já composta, considerando-se votado o substituído.

§ 7º Os membros dos órgãos da OAB, no desempenho de seus mandatos, podem neles permanecer se concorrerem às eleições.

Art. 132. A votação será realizada, preferencialmente, através de urnas eletrônicas, devendo ser feita no número atribuído a cada chapa, por ordem de inscrição. *(NR. Artigo com redação publicada no DJ 9.12.2005, p. 664, S. 1)*

§ 1º Caso não seja adotada a votação eletrônica, a cédula eleitoral será única, contendo as chapas concorrentes na ordem em que foram registradas, com uma só quadrícula ao lado de cada denominação, e agrupadas em colunas, observada a seguinte ordem:.

I — denominação da chapa e nome do candidato a Presidente, em destaque;

II — Diretoria do Conselho Seccional;

III — Conselheiros Seccionais;

IV — Conselheiros Federais;

V — Diretoria da Caixa de Assistência dos Advogados;

VI — Suplentes.

§ 2º Nas Subseções, não sendo adotado o voto eletrônico, além da cédula referida neste Capítulo, haverá outra cédula para as chapas concorrentes à Diretoria da Subseção e do respectivo Conselho, se houver, observando-se idêntica forma.

§ 3º O Conselho Seccional, ao criar o Conselho da Subseção, fixará, na resolução, a data da eleição suplementar, regulamentando-a segundo as regras deste Capítulo.

§ 4º Os eleitos ao primeiro Conselho da Subseção complementam o prazo do mandato da Diretoria.

Art. 133. Perderá o registro a chapa que praticar ato de abuso de poder econômico, político e dos meios de comunicação, ou for diretamente beneficiada, ato esse que se configura por*: (NR. Artigo com redação publicada no DJ 9.12.2005, p. 664, S. 1)*

I — propaganda transmitida por meio de emissora de televisão ou rádio, permitindo-se entrevistas e debates com os candidatos;

II — propaganda por meio de *outdoors* ou com emprego de carros de som ou assemelhados;

III — propaganda na imprensa, a qualquer título, ainda que gratuita, que exceda, por edição, a um oitavo de página de jornal padrão e a um quarto de página de revista ou tabloide;

IV — uso de bens imóveis e móveis pertencentes à OAB, à Administração direta ou indireta da União, dos Estados, do Distrito Federal e dos Municípios, ou de serviços por estes custeados, em benefício de chapa ou de candidato, ressalvados os espaços da Ordem que devam ser utilizados, indistintamente, pelas chapas concorrentes;

V — pagamento, por candidato ou chapa, de anuidades de advogados ou fornecimento de quaisquer outros tipos de recursos financeiros ou materiais que possam desvirtuar a liberdade do voto;

VI — utilização de servidores da OAB em atividades de campanha eleitoral.

§ 1º A propaganda eleitoral tem como finalidade apresentar e debater propostas e ideias relacionadas às finalidades da OAB e aos interesses da Advocacia, sendo vedada a prática de atos que visem a exclusiva promoção pessoal de candidatos e, ainda, a abordagem de temas de modo a comprometer a dignidade da profissão e da Ordem dos Advogados do Brasil ou ofender a honra e imagem de candidatos.

§ 2º É vedada:

I — no período de 30 (trinta) dias antes da data das eleições, a divulgação de pesquisa eleitoral;

II — no período de 60 (sessenta) dias antes da data das eleições:

a) a distribuição, às Subseções, por dirigente, candidato ou chapa, de recursos financeiros, salvo os destinados a pagamento de pessoal, de custeio ou de obrigações pré-existentes, bem como de máquinas, equipamentos, móveis e utensílios, exceto no caso de reposição;

b) a concessão de parcelamento de débitos a advogados, inclusive na data da eleição, salvo resolução prévia, de caráter geral, aprovada, com 60 (sessenta) dias de antecedência, pelo Conselho Seccional.

§ 3º Qualquer chapa pode representar, à Comissão Eleitoral, relatando fatos e indicando provas, indícios e circunstâncias, para que se promova a apuração de abuso.

§ 4º Cabe ao Presidente da Comissão Eleitoral, de ofício ou mediante representação, até a proclamação do resultado do pleito, instaurar processo e determinar a notificação da chapa representada, por intermédio de qualquer dos candidatos à Diretoria do Conselho ou, se for o caso, da Subseção, para que apresente defesa no prazo de 5 (cinco) dias, acompanhada de documentos e rol de testemunhas.

§ 5º Pode o Presidente da Comissão Eleitoral determinar à representada que suspenda o ato impugnado, se entender relevante o fundamento e necessária a medida para preservar a normalidade e legitimidade do pleito, cabendo recurso, à Comissão Eleitoral, no prazo de 3 (três) dias.

§ 6º Apresentada ou não a defesa, a Comissão Eleitoral procede, se for o caso, a instrução do processo, pela requisição de documentos e a oitiva de testemunhas, no prazo de 3 (três) dias.

§ 7º Encerrada a dilação probatória, as partes terão prazo comum de 2 (dois) dias para apresentação das alegações finais.

§ 8º Findo o prazo de alegações finais, a Comissão Eleitoral decidirá, em no máximo 2 (dois) dias, notificando as partes da decisão, podendo, para isso, valer-se do uso de fax.

§ 9º A decisão que julgar procedente a representação implica no cancelamento de registro da chapa representada e, se for o caso, na anulação dos votos, com a perda do mandato de seus componentes.

§ 10. Se a nulidade atingir mais da metade dos votos a eleição estará prejudicada, convocando-se outra no prazo de 30 (trinta) dias.

§ 11. Os candidatos da chapa que tiverem dado causa à anulação da eleição não podem concorrer no pleito que se realizar em complemento.

§ 12. Ressalvado o disposto no § 4º deste artigo, os prazos correm em Secretaria, publicando-se, no quadro de avisos do Conselho Seccional ou da Subseção, se for o caso, os editais relativos aos atos do processo eleitoral.

Art. 134. O voto é obrigatório para todos os advogados inscritos da OAB, sob pena de multa equivalente a 20% (vinte por cento) do valor da anuidade, salvo ausência justificada por escrito, a ser apreciada pela Diretoria do Conselho Seccional.

§ 1º O eleitor faz prova de sua legitimação apresentando sua carteira ou cartão de identidade profissional e o comprovante de quitação com a OAB, suprível por listagem atualizada da Tesouraria do Conselho ou da Subseção.

§ 2º O eleitor, na cabine indevassável, deverá assinalar o quadrículo correspondente à chapa de sua escolha, na cédula fornecida e rubricada pelo presidente da mesa eleitoral. (NR)

§ 3º Não pode o eleitor suprir ou acrescentar nomes ou rasurar a cédula, sob pena de nulidade do voto.

§ 4º O advogado com inscrição suplementar pode exercer opção de voto, comunicando ao Conselho onde tenha inscrição principal.

§ 5º O eleitor somente pode votar no local que lhe for designado, sendo vedada a votação em trânsito.

§ 6º Na hipótese de voto eletrônico, adotar-se-ão, no que couber, as regras estabelecidas na legislação eleitoral.

Art. 135. Encerrada a votação, as mesas receptoras apuram os votos das respectivas urnas, nos mesmos locais ou em outros designados pela Comissão Eleitoral, preenchendo e assinando os documentos dos resultados e entregando todo o material à Comissão Eleitoral ou à Subcomissão.

§ 1º As chapas concorrentes podem credenciar até dois fiscais para atuar alternadamente junto a cada mesa eleitoral e assinar os documentos dos resultados.

§ 2º As impugnações promovidas pelos fiscais são registradas nos documentos dos resultados, pela mesa, para decisão da Comissão Eleitoral ou de sua Subcomissão, mas não prejudicam a contagem de cada urna.

§ 3º As impugnações devem ser formuladas às mesas eleitorais, sob pena de preclusão.

Art. 136. Concluída a totalização da apuração pela Comissão Eleitoral, esta proclamará o resultado, lavrando ata encaminhada ao Conselho Seccional.

§ 1º São considerados eleitos os integrantes da chapa que obtiver a maioria dos votos válidos, proclamada vencedora pela Comissão Eleitoral, sendo empossados no primeiro dia do início de seus mandatos.

§ 2º A totalização dos votos relativos às eleições para diretoria da Subseção e do conselho, quando houver, é promovida pela Subcomissão Eleitoral, que proclama o resultado, lavrando ata encaminhada à Subseção e ao Conselho Seccional.

Art. 137. A eleição para a Diretoria do Conselho Federal observa o disposto no art. 67 do Estatuto. *(NR. Artigo com redação dada pela Resolução n. 1/06, DJ 4.9.2006, p. 775, S 1)*

§ 1º O requerimento de registro das candidaturas, a ser apreciado pela Diretoria do Conselho Federal, deve ser protocolado ou postado com endereçamento ao Presidente da entidade:

I — de 31 de julho a 31 de dezembro do ano anterior à eleição, para registro de candidatura à Presidência, acompanhado das declarações de apoio de, no mínimo, seis Conselhos Seccionais;

II — até 31 de dezembro do anterior à eleição, para registro de chapa completa, com assinaturas, nomes, números de inscrição na OAB e comprovantes de eleição para o Conselho Federal, dos candidatos aos demais cargos da Diretoria.

§ 2º Os recursos interpostos nos processos de registro de chapas serão decididos pelo Conselho Pleno do Conselho Federal.

§ 3º A Diretoria do Conselho Federal concederá o prazo de cinco dias úteis para a correção de eventuais irregularidades sanáveis.

§ 4º O Conselho Federal confecciona as cédulas únicas, com indicação dos nomes das chapas, dos respectivos integrantes e dos cargos a que concorrem, na ordem em que forem registradas.

§ 5º O eleitor indica seu voto assinalando a quadrícula ao lado da chapa escolhida.

§ 6º Não pode o eleitor suprimir ou acrescentar nomes ou rasurar a cédula, sob pena de nulidade do voto."

Art. 137-A. A eleição dos membros da Diretoria do Conselho Federal será realizada às 19 horas do dia 31 de janeiro do ano seguinte ao da eleição nas Seccionais. (*NR. Artigo com redação dada pela Resolução n. 1/06, DJ 4.9.2006, p. 775, S 1)*

§ 1º Comporão o colégio eleitoral os Conselheiros Federais eleitos no ano anterior, nas respectivas Seccionais.

§ 2º O colégio eleitoral será presidido pelo mais antigo dos Conselheiros Federais eleitos, e, em caso de empate, o de inscrição mais antiga, o qual designará um dos membros como Secretário.

§ 3º O colégio eleitoral reunir-se-á no Plenário do Conselho Federal, devendo os seus membros ocupar as bancadas das respectivas Unidades federadas.

§ 4º Instalada a sessão, com a presença da maioria absoluta dos Conselheiros Federais eleitos, será feita a distribuição da cédula de votação a todos os eleitores, incluído o Presidente.

§ 5º As cédulas serão rubricadas pelo Presidente e pelo Secretário-Geral e distribuídas entre todos os membros presentes.

§ 6º O colégio eleitoral contará com serviços de apoio de servidores do Conselho Federal, especificamente designados pela Diretoria.

§ 7º As cédulas deverão ser recolhidas mediante o chamamento dos representantes de cada uma das Unidades federadas, observada a ordem alfabética, devendo ser depositadas em urna colocada na parte central e à frente da mesa, após o que o eleitor deverá assinar lista de frequência, sob guarda do Secretário-Geral.

§ 8º Imediatamente após a votação, será feita a apuração dos votos por comissão de três membros, designada pelo Presidente, dela não podendo fazer parte eleitor da mesma Unidade federada dos integrantes das chapas.

§ 9º Será proclamada eleita a chapa que obtiver a maioria simples do colegiado, presente metade mais um dos eleitores.

§ 10. No caso de nenhuma das chapas atingir a maioria indicada no § 9º, haverá outra votação, na qual concorrerão as duas chapas mais votadas, repetindo-se a votação até que a maioria seja atingida.

§ 11. Proclamada a chapa eleita, será suspensa a reunião para a elaboração da ata, que deverá ser lida, discutida e votada, considerada aprovada se obtiver a maioria de votos dos presentes. As impugnações serão apreciadas imediatamente pelo colégio eleitoral. (NR)

Art. 137-B. Os membros do colegiado tomarão posse para o exercício do mandato trienal de Conselheiro Federal, em reunião realizada no Plenário, presidida pelo Presidente do Conselho Federal, após prestarem o respectivo compromisso. (*NR. Artigo com redação dada pela Resolução n. 1/06, DJ 4.9.2006, p. 775, S 1)*

Art.137-C. Na ausência de normas expressas no Estatuto e neste Regulamento, ou em Provimento, aplica-se, supletivamente, no que couber, a legislação eleitoral. *(NR. Artigo com redação dada pela Resolução n. 1/06, DJ 4.9.2006, p. 775, S 1)*

CAPÍTULO VIII
DAS NOTIFICAÇÕES E DOS RECURSOS

Art. 137-D. A notificação inicial para a apresentação de defesa prévia ou manifestação em processo administrativo perante a OAB deverá ser feita através de correspondência, com aviso de recebimento, enviada para o endereço profissional ou residencial constante do cadastro do Conselho Seccional. *(NR redação dada pela Resolução n. 1/06, DJ 4.9.2006, p. 775, S 1)*

§ 1º Incumbe ao advogado manter sempre atualizado o seu endereço residencial e profissional no cadastro do Conselho Seccional, presumindo-se recebida a correspondência enviada para o endereço nele constante.

§ 2º Frustrada a entrega da notificação de que trata o *caput* deste artigo, será a mesma realizada através de edital, a ser publicado na imprensa oficial do Estado.

§ 3º Quando se tratar de processo disciplinar, a notificação inicial feita através de edital deverá respeitar o sigilo de que trata o art. 72, § 2º, da Lei n. 8.906/94, dele não podendo constar qualquer referência de que se trate de matéria disciplinar, constando apenas o nome completo do advogado, o seu número de inscrição e a observação de que ele deverá comparecer à sede do Conselho Seccional ou da Subseção para tratar de assunto de seu interesse.

§ 4º As demais notificações no curso do processo disciplinar serão feitas através de correspondência, na forma prevista no *caput* deste artigo, ou através de publicação na imprensa oficial do Estado ou da União, quando se tratar de processo em trâmite perante o Conselho Federal, devendo, as publicações, observarem que o nome do representado deverá ser substituído pelas suas respectivas iniciais, indicando-se o nome completo do seu procurador ou o seu, na condição de advogado, quando postular em causa própria.

§ 5º A notificação de que trata o inciso XXIII, do art. 34, da Lei n. 8.906/94 será feita na forma prevista no *caput* deste artigo ou através de edital coletivo publicado na imprensa oficial do Estado.

Art. 138. À exceção dos embargos de declaração, os recursos são dirigidos ao órgão julgador superior competente, embora interpostos perante a autoridade ou órgão que proferiu a decisão recorrida.

§ 1º O juízo de admissibilidade é do relator do órgão julgador a que se dirige o recurso, não podendo a autoridade ou órgão recorrido rejeitar o encaminhamento.

§ 2º O recurso tem efeito suspensivo, exceto nas hipóteses previstas no Estatuto.

§ 3º Os embargos de declaração são dirigidos ao relator da decisão recorrida, que lhes pode negar seguimento, fundamentadamente, se os tiver por manifestamente protelatórios, intempestivos ou carentes dos pressupostos legais para interposição.

§ 4º Admitindo os embargos de declaração, o relator os colocará em mesa para julgamento, independentemente de inclusão em pauta ou publicação, na primeira sessão seguinte, salvo justificado impedimento.

§ 5º Não cabe recurso contra as decisões referidas nos §§ 3º e 4º.

Art. 139. O prazo para qualquer recurso é de quinze dias, contados do primeiro dia útil seguinte, seja da publicação da decisão na imprensa oficial, seja da data do recebimento da notificação, anotada pela Secretaria do órgão da OAB ou pelo agente dos Correios. (NR)

§ 1º O recurso poderá ser interposto via *fac simile* ou similar, devendo o original ser entregue até 10 (dez) dias da data da interposição.

§ 2º O recurso poderá também ser protocolado perante os Conselhos Seccionais e as Subseções, devendo o interessado indicar a quem este se dirige.

§ 3º Durante o período de recesso do Conselho da OAB que proferiu a decisão recorrida, os prazos são suspensos, reiniciando-se no primeiro dia útil após o seu término.

Art. 140. O relator, ao constatar intempestividade ou ausência dos pressupostos legais para interposição do recurso, profere despacho indicando ao Presidente do órgão julgador o indeferimento liminar, devolvendo-se o processo ao órgão recorrido para executar a decisão.

Parágrafo único. Contra a decisão do Presidente, referida neste artigo, cabe recurso voluntário ao órgão julgador.

Art. 141. Se o relator da decisão recorrida também integrar o órgão julgador superior, fica neste impedido de relatar o recurso.

Art. 142. Quando a decisão, inclusive dos Conselhos Seccionais, conflitar com orientação de órgão colegiado superior, fica sujeita ao duplo grau de jurisdição.

Art. 143. Contra decisão do Presidente ou da Diretoria da Subseção cabe recurso ao Conselho Seccional, mesmo quando houver conselho na Subseção.

Art. 144. Contra a decisão do Tribunal de Ética e Disciplina cabe recurso ao plenário ou órgão especial equivalente do Conselho Seccional.

Parágrafo único. O Regimento Interno do Conselho Seccional disciplina o cabimento dos recursos no âmbito de cada órgão julgador.

Art. 144-A. Para a formação do recurso interposto contra decisão de suspensão preventiva de advogado (art. 77, Lei n. 8.906/94), dever-se-á juntar cópia integral dos autos da representação disciplinar, permanecendo o processo na origem para cumprimento da pena preventiva e tramitação final, nos termos do art. 70, § 3º, do Estatuto.

CAPÍTULO IX
DAS CONFERÊNCIAS E DOS COLÉGIOS DE PRESIDENTES

Art. 145. A Conferência Nacional dos Advogados é órgão consultivo máximo do Conselho Federal, reunindo-se trienalmente, no segundo ano do mandato, tendo por objetivo o estudo e o debate das questões e problemas que digam respeito às finalidades da OAB e ao congraçamento dos advogados.

§ 1º As Conferências dos Advogados dos Estados e do Distrito Federal são órgãos consultivos dos Conselhos Seccionais, reunindo-se trienalmente, no segundo ano do mandato.

§ 2º No primeiro ano do mandato do Conselho Federal ou do Conselho Seccional, decidem-se a data, o local e o tema central da Conferência.

§ 3º As conclusões das Conferências têm caráter de recomendação aos Conselhos correspondentes.

Art. 146. São membros das Conferências:

I — efetivos: os Conselheiros e Presidentes dos órgãos da OAB presentes, os advogados e estagiários inscritos na Conferência, todos com direito a voto;

II — convidados: as pessoas a quem a Comissão Organizadora conceder tal qualidade, sem direito a voto, salvo se for advogado.

§ 1º Os convidados, expositores e membros dos órgãos da OAB têm identificação especial durante a Conferência.

§ 2º Os estudantes de direito, mesmo inscritos como estagiários na OAB, são membros ouvintes, escolhendo um porta-voz entre os presentes em cada sessão da Conferência.

Art. 147. A Conferência é dirigida por uma Comissão Organizadora, designada pelo Presidente do Conselho, por ele presidida e integrada pelos membros da Diretoria e outros convidados.

§ 1º O Presidente pode desdobrar a Comissão Organizadora em comissões específicas, definindo suas composições e atribuições.

§ 2º Cabe à Comissão Organizadora definir a distribuição do temário, os nomes dos expositores, a programação dos trabalhos, os serviços de apoio e infraestrutura e o regimento interno da Conferência.

Art. 148. Durante o funcionamento da Conferência, a Comissão Organizadora é representada pelo Presidente, com poderes para cumprir a programação estabelecida e decidir as questões ocorrentes e os casos omissos.

Art. 149. Os trabalhos da Conferência desenvolvem-se em sessões plenárias, painéis ou outros modos de exposição ou atuação dos participantes.

§ 1º As sessões são dirigidas por um Presidente e um Relator, escolhidos pela Comissão Organizadora.

§ 2º Quando as sessões se desenvolvem em forma de painéis, os expositores ocupam a metade do tempo total e a outra metade é destinada aos debates e votação de propostas ou conclusões pelos participantes.

§ 3º É facultado aos expositores submeter as suas conclusões à aprovação dos participantes.

Art. 150. O Colégio de Presidentes dos Conselhos Seccionais é regulamentado em Provimento.

Parágrafo único. O Colégio de Presidentes das subseções é regulamentado no Regimento Interno do Conselho Seccional.

TÍTULO III
DAS DISPOSIÇÕES GERAIS E TRANSITÓRIAS

Art. 151. Os órgãos da OAB não podem se manifestar sobre questões de natureza pessoal, exceto em caso de homenagem a quem tenha prestado relevantes serviços à sociedade e à advocacia.

Parágrafo único. As salas e dependências dos órgãos da OAB não podem receber nomes de pessoas vivas ou inscrições estranhas às suas finalidades, respeitadas as situações já existentes na data da publicação deste Regulamento Geral.

Art. 152. A "Medalha Rui Barbosa" é a comenda máxima conferida pelo Conselho Federal às grandes personalidades da advocacia brasileira.

Parágrafo único. A Medalha só pode ser concedida uma vez, no prazo do mandato do Conselho, e será entregue ao homenageado em sessão solene.

Art. 153. Os estatutos das Caixas criadas anteriormente ao advento do Estatuto serão a ele adaptados e submetidos ao Conselho Seccional, no prazo de cento e vinte dias, contado da publicação deste Regulamento Geral.

Art. 154. Os Provimentos editados pelo Conselho Federal complementam este Regulamento Geral, no que não sejam com ele incompatíveis.

Parágrafo único. Todas as matérias relacionadas à Ética do advogado, às infrações e sanções disciplinares e ao processo disciplinar são regulamentadas pelo Código de Ética e Disciplina.

Art. 155. Os Conselhos Seccionais, até o dia 31 de dezembro de 2007, adotarão os documentos de identidade profissional na forma prevista nos arts. 32 a 36 deste Regulamento. (*NR. Resolução n. 2/07. DJ 19.9.2006, p. 804, S 1*)

§ 1º Os advogados inscritos até a data da implementação a que se refere o *caput* deste artigo deverão substituir os cartões de identidade até 31 de dezembro de 2007. *(NR. Resolução n. 2/07. DJ 19.9.2006, p. 804, S 1)*

§ 2º Facultar-se-á ao advogado inscrito até 31 de dezembro de 1997 o direito de usar e permanecer exclusivamente com a carteira de identidade, desde que, até 31 de dezembro de 1999, assim solicite formalmente.

§ 3º O pedido de uso e permanência da carteira de identidade, que impede a concessão de uma nova, deve ser anotado no documento profissional, como condição de sua validade.

§ 4º Salvo nos casos previstos neste artigo, findos os prazos nele fixados, os atuais documentos perderão a validade, mesmo que permaneçam em poder de seus portadores.

Art. 156. Os processos em pauta para julgamento das Câmaras Reunidas serão apreciados pelo Órgão Especial, a ser instalado na primeira sessão após a publicação deste Regulamento Geral, mantidos os relatores anteriormente designados, que participarão da respectiva votação.

Art. 157. Revogam-se as disposições em contrário, especialmente os Provimentos ns. 1, 2, 3, 5, 6, 7, 9, 10, 11, 12, 13, 14, 15, 16, 17, 18, 19, 20, 21, 22, 24, 25, 27, 28, 29, 30, 31, 32, 33, 34, 35, 36, 38, 39, 40, 41, 46, 50, 51, 52, 54, 57, 59, 60, 63, 64, 65, 67 e 71, e o Regimento Interno do Conselho Federal, mantidos os efeitos das Resoluções ns. 1/94 e 2/94.

Art. 158. Este Regulamento Geral entra em vigor na data de sua publicação.

Sala das Sessões, em Brasília, 16 de outubro e 6 de novembro de 1994.

José Roberto Batochio — Presidente

Paulo Luiz Netto Lôbo — Relator

[Comissão Revisora: Conselheiros Paulo Luiz Netto Lôbo (AL) — Presidente; Álvaro Leite Guimarães (RJ); Luiz Antônio de Souza Basílio (ES); Reginaldo Oscar de Castro (DF); Urbano Vitalino de Melo Filho (PE)]

Produção Gráfica e Editoração Eletrônica: **R. P. TIEZZI**
Design de Capa: **FABIO GIGLIO**
Impressão: **COMETA GRÁFICA E EDITORA**